MATTHIAS KRIEG

Ansichtssachen

TVZ

MATTHIAS KRIEG

Ansichtssachen

Inspiration 1–52

TVZ

Theologischer Verlag Zürich

Gedruckt mit freundlicher Unterstützung der
Evangelisch-reformierten Landeskirche des Kantons Zürich.

Bibliografische Information der Deutschen Nationalbibliothek
Die Deutsche Nationalbibliothek verzeichnet diese Publikation in der
Deutschen Nationalbibliografie; detaillierte bibliografische Daten
sind im Internet über http://dnb.dnb.de abrufbar.

Umschlaggestaltung und Layout
Mario Moths, Marl

Druck
Westermann Druck Zwickau GmbH

ISBN 978-3-290-17859-8

www.tvz-verlag.ch

INHALT

VORWORT

Wochentexte sind das, jeweils an einem Montag auf der Homepage der Evangelisch-reformierten Landeskirche des Kantons Zürich sorgfältig ins Netz gestellt. Petra Hüttner sei Dank dafür! Über ein ganzes Jahr sind so 52 Texte entstanden, von einem frei ausgewählten Zitat ausgehend. 52 Perlen, von einem Könner gefasst – eine ganze Kette, die nicht im Schmuckkästchen versorgt werden will.

Matthias Krieg, der kirchlichen Erwachsenenbildung verpflichtet und nun Referent für theologische Fragen für den Kirchenrat des Kantons Zürich, schaut über die Kirchenmauern hinaus. Wohin er auch reist, da wird ein Buch des Landes gekauft – und er reist viel. Was ihn auch interessiert, da liest er sich ein – und er interessiert sich für viel. Die Perlen stammen aus verschiedensten Zeiten und Ländern. Selbst entfernteste Gedanken werden so gelesen, dass sie nachhallen im Raum der Kirche. Die Perlen leuchten, und sie beleuchten die Kirche, mal freundlich, mal böse, mal zuversichtlich, mal verzweifelt.

Und wie der promovierte Germanist mit der Sprache umzugehen weiss! Allein das schon ist ein Vergnügen. Er ist daheim in seiner Muttersprache, hat aber die Türen weit geöffnet für alle möglichen Einfälle von anderswo. Sein Spiel mit der Sprache ist eine Lust. Er versteht sich auf den Jargon, hat aber ein Gespür fürs Echte. Ein Lehrstück ist das, wie heute zu predigen wäre – wenn man denn an Wahrheit interessierte Weltenbürger vor sich hätte.

Und wie der promovierte Theologe mit den Inhalten umzugehen weiss! Er ist daheim in der Tradition der Reformierten, hat aber die Tore aufgemacht zu ganz anderen Zusammenhängen des Denkens. Er setzt sich aus, und er setzt sich ein. Spannend ist das und fruchtbar. Ein Lehrstück auch das für den Dialog zwischen Kirche und Kultur.

Ein Mann des Worts ist Matthias Krieg. Aber eben nicht nur. Seit Jahren fängt er die Welt auch mit seiner Kamera ein. Dabei entdeckt er Strukturen und Farben, Muster und Formen. Die Bilder tragen dieselbe Handschrift wie die Texte: überraschend, keck, entdeckungsreich und präzis geschnitten.

Er wollte die Auswahl aus seinen vielen Bildern nicht selbst treffen, auch die Zuordnung zu den einzelnen Texten nicht. Das hat er mir überlassen. Eine äusserst vergnügliche Aufgabe war das. Und man darf gerne raten, was wohl jeweils das Verbindende zwischen Text und Bild ist, also gleichsam das *tertium comparationis* suchen. Es liegt nicht immer auf der Hand. Wer gerne mehr über die Bilder wissen will, findet im Anhang den Ort und das Jahr der jeweiligen Aufnahme.

Nun ist dieser Perlenkette zu wünschen, dass sie nicht gerade wie ein Rosenkranz gebetet wird, aber doch, dass die Bilder und die Perlen und ihre Fassungen in viele Hände geraten und dann gründlich zur Hand genommen werden – den Geist erfrischend und den Glauben belebend.

Lukas Spinner, im August 2015

herr
steh mir bei
dass ich den tod nicht fürchte
und in seinem gang etwas von
jener ruhe entdecke
die mir im leben
vorenthalten war
und gib dass diese ruhe
den gang meines tagewerkes
bestimme

Said, Psalmen, 2007.

EIN GEBET, DAS EIN GEDICHT, EIN GEDICHT, DAS EIN GEBET IST. Beten und Dichten waren ursprünglich einmal dasselbe. Geblieben vom gemeinsamen Ursprung sind Sprache und Haltung.

Meine Wörter sind hier nicht zufällig, meine Zeilen nicht beliebig, meine Gedanken nicht unwillkürlich. Gehobene und gebundene Sprache ist dies, kunstvolle Darbringung, ganz wie jedes andere Kunstwerk auch. Wem dargebracht? Im Gedicht nehme ich wie im Gebet eine Haltung ein. Beim Beten halte ich ein gegenüber Gott, aber beim Dichten? Ich denke, das macht geradezu die Qualität eines Gedichts aus, dass es ebenso eine Darbringung ist, die weder dem Dichter schmeichelt noch der Leserschaft, sondern mit Sprache eine Grenze überschreitet. Gute Gedichte sind Grenzgänge. Sie haben die Haltung des Hinüberwechselns. Sie transzendieren wie gute Gebete. Plappern bleibt bei sich selbst. Psalmen aber überschreiten. Sie ermöglichen Unübliches. Sie sagen Unsagbares. Sie bringen Unmögliches dar.

Den Tod etwa, den Said hier darbringt. Said, der Iraner, der seit Jahren in Deutschland lebt und auf Deutsch Psalmen dichtet. Der Tod ist eine Möglichkeit des Lebens, seine unmögliche Möglichkeit. Allein erträgt sie niemand. Deshalb bittet das Gedicht um Beistand. Gott ist gefragt. Ohne ihn bleibt mir gegenüber dem Tod nur die Haltung der Furcht. Er wird hier wie in biblischen Psalmen als Figur erlebt. Eine ungeheure Person, ein widerlicher Dämon, ein Unhold. Er läuft mit. Der Tod geht seinen *Gang* in meinem Leben. Er geht mit mir mit. Wenn ich ihn nur *fürchte*, erkenne ich nicht, wie es mir mit ihm geht. Wenn mir einer *beisteht* und die Furcht kleiner wird, kann ich die *Ruhe* entdecken, die vom Tod im Leben ausgeht.

Verrückt? Mein Tod, der mir hilft? Der furchtlos erlebte Tod beruhigt mein Leben? Der integrierte Tod bestimmt den Gang meines *Tagewerks*?

Ich denke ja, und ich habe es erlebt. Viele haben es erlebt. Wenn ich den Tod aus meinem Leben verdrängen will, gerate ich in Stress. Ich muss dann um jeden Preis jung, schön, gesund, gebräunt, erfolgreich, geistesgegenwärtig sein, so vollkommen und so ununterbrochen wie nur möglich. Das schafft niemand. Vieles kann bei dieser Haltung zerbrechen, zuletzt ich selbst. Dieses Tagewerk führt oft ins Burnout. Wenn ich den Tod aber als die unmögliche Möglichkeit meines Alltags sehe und zulasse, bestimmt eine andere Haltung mein Leben. Jugend und Schönheit kehren sogar zurück, aber auf ganz andere Art. *Verklärt* nannte man das wohl früher. Ich nenne es heute *geklärt*. Habe ich die Möglichkeiten und Unmöglichkeiten von Tod und Leben für mich geklärt, so kehren Jugend und Schönheit mit Tiefe zurück. Jugendlichkeit ist Jugend mit Tiefe, Altersschönheit ist Schönheit mit Tiefe. Ruhe hat Klärung gebracht.

Ja, das ist verrückt. Eine der Verrücktheiten Gottes, derentwegen Dichter dichten und Beter beten. Derentwegen das Leben lebt.

Was fehlt,
kann man nicht zählen.

Bibel, Kohelet 1,15b, hebräisch um 250 v. Chr.

LIEST SICH WIE EINE BINSENWEISHEIT. Weiss doch jeder! Wieso fast 2300 Jahre eine solche Trivialität überliefern? Lohnt sich das für eine solche Allerweltswahrheit?

Vielleicht ist diese Sentenz ja weniger eine Aussage über Fehlendes. Immer fehlt etwas. Nichts ist vollständig. Das liegengebliebene Handy, die verlegten Schlüssel, der weggelaufene Freund, die zu früh gelöschte Datei, das herausgeschnittene Körperteil, die verlorene Lebenslust. Wer wüsste nicht, wie er diese Liste verlängern könnte! *Paradise lost!*

Vielleicht ist diese biblische Sentenz mehr eine Aussage über die Zählenden! Wer zählt, kann immer nur das zählen, was vorliegt, was zu sehen ist und sich zählbar gibt. *Was der Fall ist*, wie der Philosoph sagt. Was nicht der Fall ist, kommt dem, der zählt, nicht vor Augen und fehlt daher in seiner Aufzählung. Die Sentenz misstraut der Haltung derer, die stets nur zählen. Sie bleiben am Zählbaren kleben. Sind befangen im Sichtbaren. Kommen über ihre Fälle nie hinaus. Geraten vom lustvollen Zählenwollen rasch ins zwanghafte Zählenmüssen. Sie beugen sich dem Diktat des Faktischen und errichten eine Diktatur des Positiven. *Positivismus* nennt dies ein anderer Philosoph. Eine selten erkannte und meist verharmloste Ideologie. Das Wirkliche macht das Mögliche platt, verschweigt es einfach, übersieht und vernichtet es. Die Zählenden beschreiben die Wirklichkeit mit Zahlen. Unbeugsam behaupten sie, das so Beschriebene sei die ganze Wirklichkeit und die wirklichen Zahlen seien die ganze Wahrheit.

Haschen nach Wind, würde Kohelet sagen. Auch in der Kirche wird viel gezählt, und wer stets nur zählt, beschreibt sie auch stets nur mit Zahlen. Ihre Wirklichkeit ist dann seit fünfzig Jahren die sorgfältig und exakt aufgezählte Dekadenz. *Mitgliedschaftsbefragung* nennt sich das: Kontinuierlich werden die Mitglieder älter, und der Altersdurchschnitt steigt und steigt. Unaufhaltsam werden die Jungen weniger, und die Verbundenheit sinkt und sinkt. Warum? Weil man stets nach denselben zählbaren Indikatoren fragt: nach sonntäglichem Kirchgang und persönlichem Gebet. So liegt die Kirche seit fünfzig Jahren im Sterben. Positivismus produziert hier die Anleitung zum institutionellen Traurigsein. Die endlose Wiederholung dieses Umfragetyps wird zum kirchenleitenden Masochismus. Wer so fragt und zählt und beschreibt, gewahrt immer nur die Dekadenz und bekommt nie das Potenzial in den Blick. Er beschreibt das kirchliche Ghetto, die institutionelle Provinz, den konservativen Binnenhorizont. Eine windige Sichtweise, würde Kohelet wohl sagen, eine effektlose Hascherei. *Paradise lost!*

Potenzial ist Möglichkeit. Es ist nicht zählbar, aber erkennbar. So erkennbar wie die Rauchsäule eines Vulkans bei Tage und sein Feuerschein bei Nacht. Es ist nicht exakt, sondern riskant. So riskant wie die Auswanderung eines Abraham aus Mesopotamien, wie der Exodus der Versklavten aus Ägypten, wie der ewige Weg ins gelobte Land. Es gibt jede Menge von Indizien, dass Sinn, Orientierung, Glaubwürdigkeit, Versöhnung, Annahme, Verortung, Beziehung, Nähe und Liebe so gefragt sind wie eh und je. Zählbar sind diese Indizien nicht. Sie sind aber erzählbar. Unsere Gegenwart ist voll von Geschichten der Sehnsucht nach dem Überschreiten des Wirklichen, der Überwindung des nur Zählbaren und dem Transzendieren der Dekadenz. Die nur zählen, hören diese alltäglichen Geschichten nie. Sehnsucht ist ihnen fremd.

Paradise regained? Nein, als zahlenbasierte Wirklichkeit nicht, aber als glaubensbasierte Möglichkeit, ja! Eine Kirche ohne Sehnsucht und Verheissung zählt sich langsam aber sicher zu Tode. Die Kirche Jesu Christi aber erzählt stets Geschichten, in denen so viel Potenzial steckt wie in prallen Knospen und Puppen. Die Kirche, die geht, mag zählbar sein, die Kirche, die kommt, muss glaubhaft sein.

Rundbogen blicken zur Erde
Spitzbogen blicken Gott an
tragen den Traum, das Werde,
das nie enden kann –

Gottfried Benn, Gedichte, 1933.

EIN FRAGMENT AUS DEM JAHR 1933. Wo gehört es hin? Ein frei flottierendes Gedicht. Was ist sein Kontext? Eine Reflexion über Architektur. Für welches Bauwerk? Benn, der Dichter, hilft nicht weiter, auch nicht der Herausgeber seiner Gedichte.

Ich denke unwillkürlich an die Kunstgeschichte. Zuerst war der Rundbogen, dann kam der Spitzbogen. Zuerst war die Romanik, dann kam die Gotik. Ich erinnere mich an die Vielzahl von Kirchen, Abteien und Kathedralen, die ich in meinem Leben begangen und besehen habe. Begehbare Skulpturen die einen, die mit den Spitzbögen. Geheimnisvolle Labyrinthe die anderen, die mit den Rundbögen. Immer aber Bögen. Gewölbe wollen getragen und gehalten sein.

Ich denke an die Romanik. Schwer das Gemäuer, dunkel die Gewölbe, geheimnisvoll die Gänge. Erdiger Geruch in den Räumen, pilzig und dumpf. Moder und Fäulnis allgegenwärtig. Wie ein irdisches Gewächs hockt so eine Abtei im stillen Tal, wie ein Gebirge thront so ein Dom über der Stadt. Emporgekrochen aus dem Boden, geduckt im Halbschatten oder aufgereckt zum Licht. Romanische Rundbögen kommen mir vor wie Irdisches, das sich schützt. Ein Gleichnis des Lebens. Der Gang durch die Kirche von West nach Ost und von der Geburt bis zum Grab. Vielleicht, dass sich im Osten ein Strahl des ewigen Lichts ins Dunkel des irdischen Lebens verirrt. Der Mensch zu Gast bei der Hoffnung.

Wie anders, wenn ich an die Gotik denke. Aufgelöst die Mauern in Säulen, Rippen und Pfeiler. Transparent geworden im Glas riesiger Fenster. Alles zur Höhe strebend und ziehend. Unwillkürlich geht der Blick nach oben, wo kein Gewölbe mehr lastet, sondern ein luftiges Zelt die Leichtigkeit himmlischen Lebens verspricht. Der erleuchtete Raum als Gleichnis des Himmels. Auf den Pfeilern überirdische Farbenspiele. Das Heilige zu Gast bei den Menschen.
Rundbogen bewahren, schützen, bergen. Der Schlussstein schafft Vertrauen ins Eigene. Hier bin ich zu Hause. Ich bin in guter Hut. Das hält. Spitzbogen erheben, entführen, überschreiten. Sie beflügeln meine Blicke. Sie verweisen auf das andere. Stein gewordene Sehnsucht.

Manchmal fragt mich einer, was mir lieber sei, Romanik oder Gotik. Mir ist beides gleich lieb. Wie Benn, vermute ich mal, kann ich mich nicht entscheiden, weil ich beides brauche: Vertrauen und Sehnsucht, Bodenhaftung und Himmelslust, Ruhe und Drang.

Die Erde braucht Gott, und Gott braucht die Erde. Unter Rundbögen keimen die Träume vom Leben, das nicht endet, und über Spitzbögen spricht der Schöpfer sein Stirb-und-Werde, damit die Erde lebendig bleibe.

Benns Fragment hat mich an meine Architekturen erinnert, die ich begangen und erlebt habe, die zu meinem Kontext gehören, die mich immer wieder inspirieren. Architektur kann Verkündigung sein. Steine können sprechen. Rundbogen und Spitzbogen machen Aussagen, als wären sie selbstredend Wesen. Hören muss ich halt.

Mein schönstes Gedicht?
Ich schrieb es nicht.
Aus tiefsten Tiefen stieg es.
Ich schwieg es.

Mascha Kaléko,
In meinen Träumen läutet
es Sturm, 1974.

DAS WIRD SIE WOHL EINE JOURNALISTIN GEFRAGT HABEN, 1974, im Jahr, bevor sie in Zürich auf der Durchreise an Magenkrebs gestorben ist. Eine Bilanzfrage, wie so oft an einen Superlativ gebunden. Eine Lebensrückblickfrage, hier gerichtet an eine Weltbürgerin, die in Galizien, Deutschland, den Vereinigten Staaten und Israel gelebt hat und nun auf einem Zürcher Friedhof liegt. Auf der Durchreise.

Die Dichterin verweigert die Antwort. Nimmt nicht teil an der Sucht nach dem Schönsten, Besten, Grössten. Entzieht sich dem Zwang zum Superlativ. Manche können ja nicht erzählen, auch oder erst recht nicht von sich, ohne in jedem zweiten Satz einen Superlativ unterzubringen. Als bestehe ein Leben nur aus Gipfelerfahrungen, als sei es eine Kette der Spitzenleistungen. Die Biografie als *haute route.* Möglichst mit Eintrag im *Guinness Book of Records.*

Sie nimmt dann aber doch teil, Mascha Kaléko, verschmitzt und listig. Die *tiefste Tiefe* ist erst noch ein Pleonasmus, eine rhetorische Aufblähung. Ein listiger Superlativ, weil nicht die Dichterin hinabstieg, um ihr schönstes Gedicht dort unten, möglicherweise im untersten Kreis des *Infernos*, zu dichten. Nein, es ist ein Wesen, das von selbst heraufstieg wie einst Orpheus aus dem Hades. Das *schönste Gedicht* hat sich selbst gedichtet. Keine Konstruktion, kein Kunststück, kein Produkt, kein Machwerk ist es, das die Dichterin als Urheberin hat. Nein, das Gedicht ist wie jedes gute Gedicht eine *creatura sui ipsius*, ein Geschöpf, das aus sich selbst entsteht. Nicht, dass sie sich damit distanzieren wollte, nein, sie sagt nur wie so viele Dichter im sogenannten *Dichtergedicht*, dass ein Gedicht dem Dichter zukommt und nicht seiner reinen Willkür entspringt. Die Tiefe, die es hat, spiegelt die Tiefe, aus der es kommt. Der Superlativ hier ironisiert den Superlativ dort: Auch *au plus bas* ereignen sich Spitzenerfahrungen. Leben ist nicht nur *haute route.* Die Jüdin Kaléko konnte es biografisch bezeugen.
Dass sie ihr schönstes Gedicht *schwieg,* sagt ungesagt, dass sie ihre publizierten Gedichte im Positiv oder Komparativ verstand, im besseren Fall als Annäherung. Sie kennt den Superlativ zwar, verwendet ihn aber nicht. Sprachlich unmöglich, das Verb *schweigen* transitiv zu verwenden, drückt sie aus, was sie als ihr Geheimnis für sich behält.

Ich stelle mir seither vor, dass jeder Mensch über ein solches Gedicht verfügt, sein *schönstes,* aber als sein Geheimnis, nicht bestimmt für Journalisten und Biografien. Ich stelle mir vor, dass jedem irgendwann ein solches Gedicht zukommt, plötzlich und kontingent, auf einmal da und für immer *das schönste.* Und ich stelle mir dabei auch vor, dass *schön* viel mit *tief* zu tun hat, also weniger mit gefällig und schick. Und ich denke mir dann noch, dass das meiste, das uns bewegt – weil wir uns dem Trend hingeben, alles und jedes einem Rating und Ranking zu unterwerfen – eigentlich nur unser Problem verhüllt, das wir dann haben, wenn etwas, das uns unbedingt angeht, wirklich mal *aus tiefster Tiefe* emporgestiegen ist und uns als unser *alter ego* in die Augen sieht.

Ich glaube nicht
an die Kirche –
aber an den,
der in der Kirche,
trotz der Kirche
Menschen verwandelt
und eint.

Detlev Block, Credo, ohne Jahresangabe.

ERINNERT WERDE ICH HIER. Erinnert an einen aufkeimenden Unmut. An eine leichte Verweigerung, die mich immer streift, wenn ich beim Sprechen des Apostolikums plötzlich sagen soll ... *die heilige, allgemeine, christliche Kirche.* Nein, blitzt es mir für Sekunden durch den Kopf, nein, an die *glaube* ich nicht. Weiter kommt die Verweigerung nie, denn das Sprechen im Stehen geht seinen liturgischen Gang, und wer da zögert, gerät ins Straucheln und fliegt aus der Reihe. Will ich auch wieder nicht.

Der mich hier erinnert, Detlev Block, ist Pfarrer und Schriftsteller, mit fünf Liedern sogar in unserem Gesangbuch vertreten. Der also auch? Allerdings wurde aus diesem Credo kein Kirchenlied ...

Ein Glaubensbekenntnis, das dreimal nicht mit *credo* beginnt, sondern mit *non credo*, ein Anticredo gar? Auch *an die Bibel* und *an Ostern* will dieser Kirchengesangbuchliederdichter nämlich *nicht* glauben. Ist so einer glaubwürdig? Kirchengesangbuchreif? Arbeitgeberinnenloyal? Zieht Lohn und glaubt nicht dran? *Statement without commitment? Belonging without believing?* Bei einem Wirtschaftsbetrieb wohl eine *causa belli*, wie das früher hiess, ein *Kriegsgrund*, oder ein *no go*, wie es heute heisst, ein *Gehtgarnicht.* Der Moment, dem Mitarbeiter das *consilium abeundi* zu erteilen, wie schaurig und schön: den *Rat, sich davonzumachen.*

Im Apostolikum gehört der Glaube an die Kirche zum Glauben an den Heiligen Geist. Er ist es, der Kirche baut. Gemeindeaufbau und Kirchenentwicklung wären demnach Abteilungen des Heiligen Geists und nicht des Kirchenrats. Fusionen und Innovationen wären pneumatische Wirkungen und keine kybernetischen. Könnte es sein, fragt Block hier subversiv, dass wir gelegentlich Pneumatik und Kybernetik verwechseln? Könnte es sein, dass bei Kirchen Begeisterung für Aufbruch und Neuland deshalb nicht so recht aufkommen mag, weil mit dem Geist nicht so recht gerechnet wird?

Block schreibt kein *non credo*, sondern ein *credo, sic et non.* Immer folgt auf den Gedankenstrich, der mich lautlos herausfordert und emport, ein *aber an den*, das mich gerade noch einmal bewahrt vor dem *consilium abeundi*, dem schaurig schönen Rat, mich davonzumachen: *nicht an die Bibel – aber an den ..., nicht an Ostern – aber an den ..., nicht an die Kirche – aber an den ...* Wen?

Der Glaube, findet Block, zielt über das Greifbare hinaus, das ich zu besitzen meine. Nämlich auf ein Ergriffenwerden, das mich mir selbst und meinem vermeintlichen Besitz erst mal entreisst. Ihm gebührt Glaube, sonst keinem. Er darf ihn fordern, sonst niemand. Gott, *den die Bibel zu bezeugen versucht,* gilt mein Glaube. Gott, *den die Osterbotschaft lebendig nennt.* Dasselbe bei der Kirche: Mein Glaube gilt dem, der *verwandelt und eint.* Könnte es sein, dass Kybernetik durch Pneumatik sinnvoll wird? Dass Fusionen und Innovationen durch Begeisterung nachhaltig werden? Dass Gemeindeaufbau und Kirchenentwicklung durch Glaube ihre wirkliche Qualität gewinnen?

Dann wären Vertrauen in gutes Handwerk das andere und Glaube an den Geist das eine. Die umgekehrte Folge wäre ein *no go.* Dann gälte der schaurig schöne Rat, sich davonzumachen, den Beratern, die *skillful but faithless* nur gutes Handwerk bieten. Ausser, sie liessen sich ergreifen und verwandeln.

Siehst dich in Dachau. Hörst die Stimme im Verkehrsbüro in München, die dir abriet: da sei nichts zu sehn, ungünstige Verkehrsverbindung, besser zum Lenbachhaus, Pinakothek empfehlens-, sehenswert. Fuhrst doch nach Dachau, Sommer, 78, Obststände allerwegen, die Kirschen kosten heuer das Pfund zweizwanzig, sahst die Baracken, längst erneuert, starrend vor Sauberkeit, drei Busskapellen, säuberlich getrennt nach Konfessionen, sahst die Verbrennungsöfen, warst umringt von Schülergruppen, lauschtest den Kommentaren von Touristen – und erschrakst zutiefst, da ein Kanadier erklärte: Alles Lüge!

Theodor Weissenborn, Im Angesicht des Kreuzes, ohne Jahresangabe.

ZWEI ERLEBNISSE FALLEN MIR EIN, prägende Erlebnisse, so tief fuhren sie mir ein, unverlierbare Erlebnisse, so sehr liessen sie mich schaudern.

Mit meiner Berliner Freundin in Oranienburg. Konzentrationslager Sachsenhausen, Zentrale und Mutter aller Konzentrationslager. Es war ein grauer und trüber Tag. Leichter Nieselregen. Uns fröstelte. Wir waren fast die einzigen Besucher auf dem riesigen Gelände. Das Wetter machte das Lager zur Insel. Eine Welt für sich. Kein erkennbarer Horizont. Nur Regen und Nebel. Ein Wachtturm, dessen Schemen sich in der Unendlichkeit verloren. Wir gingen schweigend. Fast kein Wort fiel. Wenn doch, ein lakonisches Geflüster. Vor meinen Augen erwuchs eine Welt aus Menschen, ausgesetzt auf einer Insel ohne Wasser. Ich sah die Lethargie in den Baracken mit dreistöckigen Bettgestellen. Ich sah das flüchtige Lächeln von Kindern, denen einer eine Brotrinde zusteckte. Ich sah die erloschenen Augen der Alten. Das Wetter und die Einsamkeit und die Stille genügten, um dies zu sehen. In den Baracken, die als Museum gestaltet sind, erzählen Bilder die Geschichten ausradierter Familien, zeigen Bilder die Perfektion der industriellen Abwicklung von Minderheiten, schreien Bilder vor Gewalt und Schmerz. Meine Freundin und ich hakten uns still unter. Augen wurden feucht. Wir schwiegen. Scham stieg auf.

In Ghana, als ich den Wandertag des Weltkongresses verschlafen hatte, holte ich dessen Ausflug nach. Allein. Ich zahlte einen Schwarzen, der mich fuhr und beschützte. Es ging nach Cape Coast und Elmina, zwei von zwölf Sklavenburgen. Er blieb draussen beim Auto. Ich war allein in der Burg. Stechende Sonne, lastende Schwüle. Der Golf von Guinea brandete hoch an Fels und Gemäuer. Eine Gruppe Schwarzer aus Nordamerika starrte lange aufs Meer, wo man Millionen von Frauen und Männer nach Wochen des Wartens verschifft hatte. Die Starken und Schönen Afrikas. Nach Rio und Kingston, Havanna und New Orleans. Ich sah sie schweigend stehen und schwieg mit ihnen. Das *Gate of no Return* vor mir, hinter mir die *Dungeons*. Ich erinnere mich an das Museum der Sklaverei in den Verliessen, an den Kranz aus Maryland, verstohlen in einer Ecke: *To our mothers and fathers*. Auch an die Kapelle der weissen Herren genau über den *Dungeons*. Unten war es so voll, dass sie wochenlang stehen mussten und starben wie die Fliegen, während sie oben Psalmen sangen. An der Wand der Kapelle der Schriftzug *Psalm 132*, in dem zu lesen steht: *Hier will ich wohnen, denn das gefällt mir*. Lange starrte ich im Burghof auf die alte europäische Pflästerung und sah Tausende schwarzer Füsse vor mir. Ich schwieg. Scham stieg auf.

Weissenborn, wie recht du hast! Erinnern ist lebensnotwendig, aber schweigend und still. Als Programmpunkt ist Erinnerung obszön, als Gelegenheit für ein Schnäppchen die abermalige Demütigung der Opfer, als Wiedergutmachung bürgerlicher Tugenden ein entsetzliches Missverständnis, als pädagogischer Input eine völlige Überforderung. Erinnerung ist persönliche Kultur. Sie prägt meine Seele. Ich werde *ich* in ihr.

Prägend und unverlierbar waren diese beiden Erlebnisse für mich. Das Schauderhafte von Holocaust und Sklaverei muss tief einfahren, um nicht zum Event, zum Ferienkick, gar zu Unterhaltung und Zeitvertreib zu werden. Muss verstummen lassen und das Schweigen randvoll füllen, um nicht zerredet zu werden. Das sind Nachgeborene Opfern schuldig.

Lernen, ohne zu denken, ist umsonst.

Denken, ohne zu lernen, ist gefährlich.

Kung-tse, Lun-yü, in Mandarin um 150 v. Chr.

DIE LEHRGESPRÄCHE VON KONFUZIUS, *LUN-YÜ*. Eine Fundgrube wie das biblische Buch Kohelet. Sätze, um sich an ihnen abzuarbeiten. Erfahrungswissen, um mit ihnen das Leben zu verstehen. Zeitlose Weltweisheit, um die Fallen der Zeitläufe zu erkennen.

Die *Falle Studium* zum Beispiel. Was ich nur gelernt habe, weil der Stoff einfach reinmusste, um an irgendeiner Prüfung wieder rauszukommen, bleibt nicht. Was ich nur konsumiert habe, weil es sich so gehört und ich dazugehören will, wo sich derlei gehört, wird nicht lebendig. Was ich nur als zählbares Quantum aufgenommen und irgendwo abgelegt habe, die fünfzig Vokabeln oder die zweihundert Seiten Buch oder die 624 Bibelstellen, wird nicht fruchtbar. Alles umsonst. Warum? Vielleicht, weil Gelerntes nicht schon deshalb wirkt, weil ich es aufgenommen habe, sondern erst dann, wenn ich es verdaut habe und es in mir irgendwo zu Wachstum geführt hat. Das aber geht nur mit Denken. Es eignet an, verarbeitet Angeeignetes und bringt so Eigenes zustande. Es macht Eigenes aus Fremdem. Denken macht aus Lernen Bildung. Ohne Denken bleibt Lernen im besten Fall nur gelungene Dressur.

Die *Falle Ideologie* zum Beispiel. Was einmal angemessen und richtig war, kann es nicht bleiben. Weil Angemessenheit einen Kontext hat, eine Umgebung, die das Mass gibt. Weil Richtigkeit sich aus der Ausrichtung ergibt, aus der Sichtung von Umständen, die richtungsweisend sind. Geraten sie aus dem Blick, so heben die Gedanken ab. Fliegen hoch und höher. Werden zu Überfliegern und schauen wie der Adler, aber ohne dessen Scharfblick, von oben herab auf die banalen und trivialen Dinge unten am Boden der Realität. Zuerst ist immer Praxis, dann erst Theorie. Denn Theorie ist sichtendes Lernen am Gegebenen und Gestalteten. Ändert sich die Reihenfolge, so kippt Denken um in Ideologie. Dann kann nicht sein, was nicht sein darf. Denken erfindet dann Sein. Und hilft gewaltsam nach, wenn es nicht so sein will, wie es gedacht ist. Lernen macht aus Denken Wachstum. Ohne Lernen bleibt Denken bestenfalls im kunstvoll geschnitzten Elfenbeinturm. Ein Wolkenkuckucksheim abgehobener Gedanken.

Die Lehrgespräche von Konfuzius, *Lun-yü*. Welche Fundgrube an Erfahrung und Weisheit! Denken und Lernen als These und Antithese, aus denen Neues entsteht: eine Synthese, die weiterführt. Zu Bildung und Wachstum. Wenn diese Dialektik aber nicht spielt, kommt es zur Implosion, wo alles umsonst ist, oder zur Explosion, wo alles gefährlich ist. Dann doch lieber eine denkend lernende und eine lernend denkende Gesellschaft. Das war schon immer auch mal anstrengend und deshalb noch nie sonderlich beliebt. Doch wie cool fühlt es sich an, in Fallen nicht zu fallen!

Der Mensch ist frei geschaffen, ist frei
Und würd er in Ketten geboren.
Lasst euch nicht irren des Pöbels Geschrei,
Nicht den Missbrauch rasender Toren.
Vor dem Sklaven, wenn er die Kette bricht,
Vor dem freien Menschen erzittert nicht.

Friedrich Schiller, Die Worte des Glaubens, 1797.

WELCHE FREIHEIT? Auch die, Durst und Hunger zu stillen, nicht den ganzen Tag mit der Nahrungssuche zu verbringen? Keine Sorge um die Sauberkeit des Wassers und den Nährwert des Essens zu haben? Wenn ja, dann gibt es keine *Wirtschaftsflüchtlinge*. Dann *zittert* Europa vor der Freiheit derer, die der Misere aus Unterversorgung, unfähiger Regierung und niedriger Lebenserwartung den Rücken kehren und nach besseren Lebensbedingungen Ausschau halten. Dann hat Europa schlicht Angst vor afrikanischen und asiatischen *Sklaven*, die ihre *Ketten brechen*, um zu leben.

Welche Freiheit? Auch die, Heimat zu verlassen und Heimat zu finden? Die unvorstellbar schmerzhafte Freiheit, hoffnungslose Heimat aufzugeben, Bindungen zu zerreissen, Liebste zu verlassen? Und die nicht weniger belastende Freiheit, in einer völlig anderen Welt heimisch zu werden, Sprache zu erlernen, Beziehungen zu knüpfen, Achtung zu finden? Überdies die Freiheit, aus der neuen Heimat den Liebsten in der alten Unterstützung zukommen zu lassen? Wenn ja, dann gibt es *Migration*, wie es sie zu allen Zeiten der Geschichte gegeben hat. Abraham und Sara waren Migranten, Mose und Mirjam ebenso. Wirtschaftsflüchtlinge, um *des Pöbels Geschrei* zu zitieren. Auch Jesus musste als Säugling vor einem *rasenden Toren* emigrieren.

Welche Freiheit? Auch die des Denkens? Die Freiheit, genauer hinzuschauen und tiefer zu verstehen, als der *Pöbel* das kann und will, weil ihn eher Angst als Freiheit leitet? Die Freiheit, die eigene Regierung als undemokratisch und diktatorisch oder schlicht als korrupt zu durchschauen und deshalb ihrer *rasenden* Unfähigkeit zu entkommen, bevor man nur noch ohnmächtiges Opfer ist? Wenn ja, dann sind Menschen, die sich an europäischem Stacheldraht die Schenkel aufreissen, um frei zu sein und leben zu können, auch Botschafter kommender Revolution. Vielleicht einer Revolution an beiden Orten: in der alten und in der neuen Heimat. Wie hatte die Migration des Christentums Europa einst christianisiert! Wie hatte christliche Ethik Unrechtsherrschaften immer wieder revolutioniert!

Schiller meint die Freiheit des Lebens. Lebensfreiheit, dafür sei der Mensch erschaffen. Er hat ein Menschenrecht auf Leben. Damals war das revolutionär. Solche Freiheit war nie selbstverständlich und ist stets gefährlich. *Life, Liberty and the pursuit of Happiness* sind deshalb in der amerikanischen *Declaration of Independence* (1776) die drei *inalienable rights. Freiheit* ist ein Lebensrecht, Leben ein Freiheitsrecht. Beide sind Rechte auf Glück. Alle drei sind *unveräusserliche* Rechte jedes Menschen, *und würd er in Ketten geboren. Liberté, Égalité, Fraternité* forderte erstmals Robespierre, der Revolutionär (1790), und seit der Februarrevolution (1848) stehen sie als staatliche Losung in der französischen Verfassung: *Freiheit, Gleichheit, Geschwisterlichkeit.* Revolutionäre Rechte, staatlich geschützt!

Welche Freiheit? Jedes Menschen? Auch eines Schwarzen? Auch einer Verschleierten? Auch von Kindern, Kranken, Traumatisierten, Arbeitsunfähigen? Auch von Andersreligiösen? Schiller sagt dazu Ja. Seine drei Leit*worte* heissen *Freiheit, Tugend, Gott* und sie sind *Worte des Glaubens*. Die Freiheit, leben zu dürfen und nicht sterben zu müssen, ob durch Hunger oder Gewalt, ist eine Gabe des Schöpfers an alle Geschöpfe, ob in Afrika, Asien oder Europa. *Dem Menschen ist nimmer sein Wort geraubt, / Solang er noch an die drei Worte glaubt.* Wer nicht glaubt, schweige!

09

Groschen

Dieses Gedicht
möchte
ins Gewicht fallen
oder
wenigstens
aus der Reihe
dem Rahmen

nicht
in jemandes Wort
oder
gar
unter den Tisch
und die Räuber auch nicht
vom Stengel
oder
jemandem zur Last
in den Rücken

wie Schuppen von den Augen
möchte es
jemandem in den schoss

aber lieber doch:

ins Gewicht
das Gedicht

und aus allen Wolken

Detlev Meyer, Heute Nacht im Dschungel, 1981.

EIN EINZIGES MAL KOMMT ES GESCHRIEBEN VOR, das entscheidende Wort, das die meisten nicht lieben. Ich auch nicht. *Fallen*. Wer fällt schon gern? Auf die Nase etwa oder nur schon auf. Leider gehöre ich nicht zur Gattung der Katzen, die, wenn sie schon, dann stets auf die Füsse. Einmal nur ist es zu lesen. Ganze zwölf Mal kommt es aber unlesbar vor, das ungeliebte Wort. *Fallen*. Jeder liest es unwillkürlich mit, aber keiner kann es hier geschrieben sehen. Ist es nicht da, weil es nicht zu lesen ist?

Ich habe es gespeichert. Ob *Fallen* meinen Gefallen findet, tut nichts zur Sache: Mein Hirn ruft es automatisch ab. Ich ergänze die Wendungen, weil ich sie alle kenne. Eingeübte Sprache. Wie beim Torso sehe ich den Arm, den abgebrochenen, obwohl er nicht zu sehen ist. Eingeübtes Sehen. Unwillkürlich mache ich ganz, was versehrt ist. Fülle auf, was fehlt. Bringe in prästabilisierte Harmonie, was disharmonisch schrillt und schreit. Was der Jazzer groovigen *Dreck* nennt, der den Schlussakkord stört, macht dessen Wohlklang ja erst recht hörbar. Eingeübtes Hören. Von seinem Gegenstück her wird das Stück ganz anders präsent. Von seiner Abwesenheit her fällt mir das ungeliebte *Fallen* erst recht auf. Unvermeidlich. Sprechgewohnheit, Hörgewohnheit, Sehgewohnheit. Sie drängen mich umso mehr zur gewohnten Ordnung, je mehr ungewohnte Unordnung mich bedrängt. Dialektik. Eine Begabung des Menschen. Zu sehen, was nicht zu sehen ist. Zu hören, was nicht zu hören ist. Ein Nichts wahrzunehmen.

Der Dichter Meyer schreibt ein Dichtergedicht. Mit ihm drückt er aus, was ihm das Dichten bedeutet. Ungesagtes sagen, Unerhörtes hörbar machen, Ungeliebtes dem Verdrängen entreissen. Nicht ohne mich. Meyer zieht mich, indem ich es vollende, in sein Gedicht hinein. Lässt mich zwölfmal fallen, damit ich zwölfmal *fallen* sage, höre, lese. Gute Dichtung beteiligt. Stellt liebevoll Fallen. Ich tappe rein und ertappe mich drin. Dass ich alle diese Wendungen ja kenne. Mir gleich noch weitere einfallen. Mich die Zahl Zwölf sofort erinnert. An alte Stämme und neue Jünger.

Ein auffallender Binnenreim als Pointe: Im Gedicht gewinnt Sprache Gewicht. Überrascht und beteiligt. Ein gutes Gedicht fällt dann aus allen Wolken mir zu oder über mich her oder mich an. Und da fällt mir gleich noch ein, dass genau dies ja auch für jeden guten Bibeltext gilt. Er beteiligt mich und setzt mich in Bewegung, überraschend und aus allen Wolken. Ob Meyer, der Dichter, an alte Stämme und neue Jünger dachte, an den einen Offenbarten und die zwölf Verborgenen, tut da längst nichts mehr zur Sache. Ein gutes Gedicht wird durch mich, der es liest, sich beteiligt und weiterdenkt, erwachsen. Gewinnt ein Eigenleben. Wird mein Partner, der mich herausfordert, ärgert und beglückt. Ist immer weniger das Konstrukt irgendeines Meyers mit y. Wird immer mehr eine Herausforderung eigener Art. Lässt mich nicht fallen, selbst wenn es mich zwölfmal *fallen* denken lässt, obwohl es gar nicht dort steht.

Ganz wie bei jedem guten Bibeltext, denke ich. Plötzlich gewinnt das malträtierte Wort *Verbalinspiration* seinen guten Sinn zurück. Dieser Groschen ist gefallen. Bei mir.

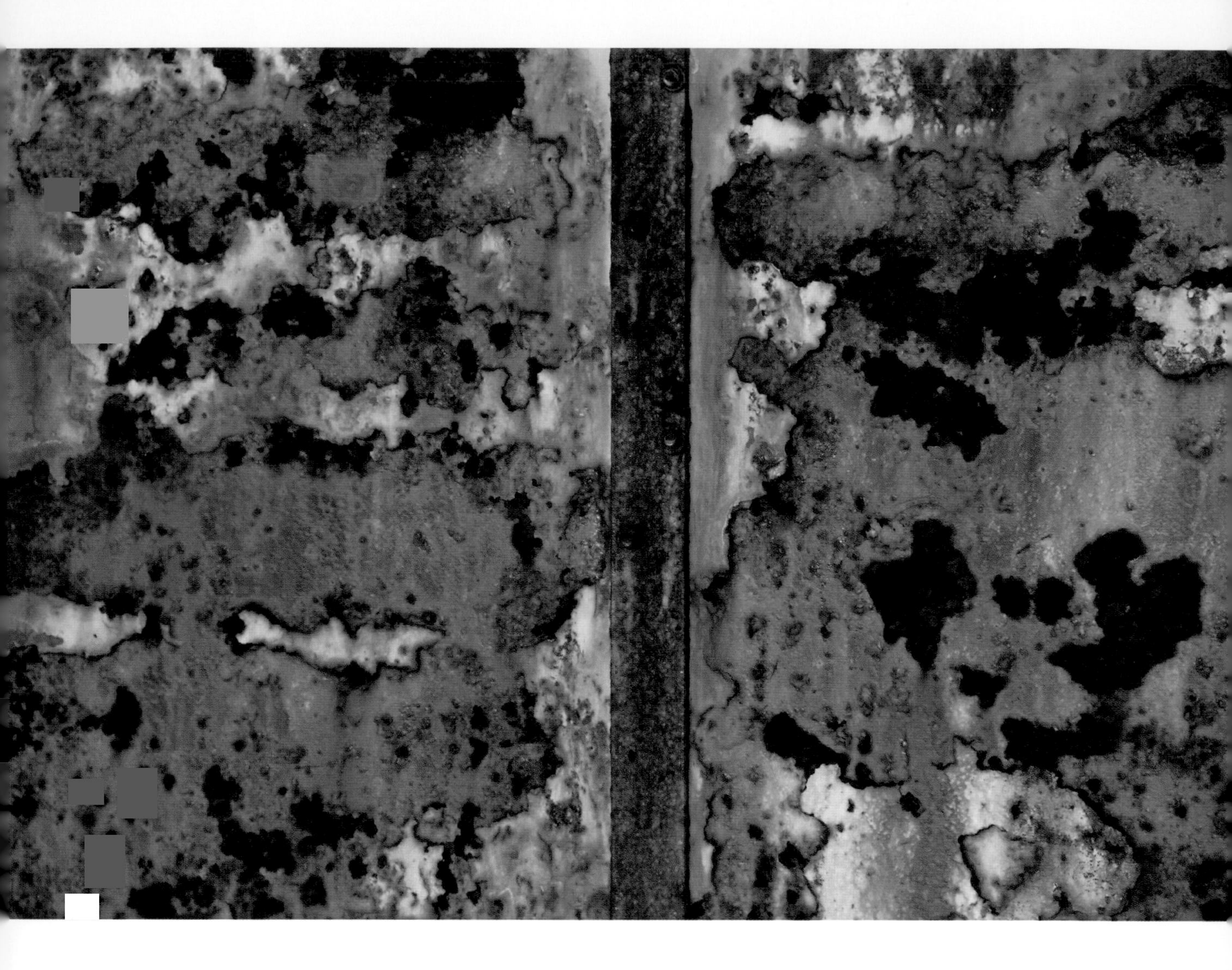

10

Das könnte im Allgemeinen wahr sein, aber was Havelaar betrifft, braucht man die persönliche Bekanntschaft nicht … er ist ein Narr. – Das habe ich nicht gesagt. – Nein, Sie haben das nicht gesagt, aber ich sage es nach allem, was Sie mir von ihm erzählt haben. Ich nenne einen Menschen, der ins Wasser springt, um einen Hund vor den Haifischen zu retten, einen Narren. – Ja, verständig ist es nicht … aber …

Multatuli, Max Havelaar oder die Kaffee-Versteigerungen, niederländisch 1860.

JA, WAS IST ES WOHL, WENN ES NICHT *VERSTÄNDIG* IST? Tollkühn? Selbstvergessen? Oder einfach *kynophil*, wie man auch *philanthrop* sein kann? Hundefreund wie Menschenfreund? Der Roman von 1860 führt so seinen Helden ein! Mit dem Ruf eines *Narren*. Inzwischen sind es eher Bananen als Kaffee, die einem beim Einkaufen begegnen und die man mit *Havelaar* verbindet. Längst nicht mehr denkt der Kunde an Narreteien. Für Insider ist es eine ganze Palette von ethisch sauberen Waren, die bereits zum Alltag gehören. Ja, was macht den Helden *Havelaar* zum Label und seine Waren sauber?

Worin besteht das *Aber*? Der Schauplatz des Romans ist *Nederlands-Indië*, jene holländische Kolonie, aus der 1945 das moderne Indonesien hervorgegangen ist. Havelaar tritt 35-jährig auf einer ärmeren der 17 508 Inseln sein neues Amt an. Gerüchte ziehen vor ihm her. Gleich nach Empfang durch die örtlichen Notabeln, holländische wie einheimische, hält er eine öffentliche Rede, die es in sich hat: Er freue sich, da zu sein, und wolle von ihnen lernen. Er liebe ihren *wackeren Sinn* und wolle auf diejenigen *achten, die hervorragen in Tugend.* Er sei froh, sein Amt auf einer *armen* Insel ausüben zu dürfen, denn *Allah* liebe die Armen und sende zu ihnen, *dass sie sich aufrichten in ihrem Elend.* Er wisse, dass die *Seele der Menschen* wachse, und zwar *nicht von dem Lohn, sondern von der Arbeit, die den Lohn verdient.*

Das also ist das *Aber*: Havelaar regiert anders. Er geht deshalb das Risiko ein, für einen *Narren* gehalten zu werden. Er will die Einheimischen nicht belehren, sondern von ihnen lernen. Sie sind nicht dumm und faul, sondern tapfer und arbeitsam. Er ist selbst nicht der Tugendheld, sondern will an ihren Tugenden seine eigenen vervollkommnen. Er will nicht das Land ausbeuten und dafür seine Menschen versklaven, sondern den Menschen helfen, aus ihrer Armut herauszukommen. Er stülpt ihnen nicht Christus über, sondern nennt den Einen wie sie *Allah*. Havelaar ist, was 1860 eine Narretei war, kein Kolonialist, für den Land und Leute nur Beutemasse sind, sondern ein Entwickler, der Partner sein möchte für gute Entwicklung.

Was den Theologen freut, ist das reformierte Erbgut, das auf vielen Seiten des Romans Blüten treibt. Hier das Verständnis von Arbeit: *Lohn* ist gut und macht wohlhabend. Dagegen ist nichts zu sagen. Nur macht er die *Seele* nicht reich, denn das ist der *Arbeit* vorbehalten. Reformiert gesagt: Arbeit ist Gottesdienst im Alltag. Sie geschieht nicht zur Bereicherung und Selbstdarstellung, sondern zur Ehre des Schöpfers, der sein Geschöpf damit begabt hat, arbeiten zu können. Arbeit geschieht *soli Deo gloria*, und so *wächst* die Seele der Menschen. Nicht *soli mihi gloria* oder *soli pecuniae gloria*, denn so wächst im besten Fall das Bankkonto und das auch nicht immer.

Ach ja, nicht nur die Episode mit dem Hund zog Havelaar voraus. Er soll, als er in Amsterdam im Urlaub war, sogar mal das Aushängeschild eines Ladens abgerissen haben. Darauf war ein Schwarzer in Fesseln zu Füssen eines Weissen mit Tonpfeife zu sehen gewesen. Kolonialismus im Stil niederländischer Genremalerei. 1860 der heimelige Normalfall: Der Laden hiess *Der rauchende junge Kaufmann*. Nun war er sein Schild los. Gewiss ein christlicher Philanthrop, dieser Havelaar! Doch sind Menschenfreunde wirklich *Narren*? Sind *Gutmenschen* blöd? Oder nicht eher diejenigen, die ein solches Wort erfinden und verwenden?

Don’t just like me on facebook.

Like me in real life.

Anonymer Graffito, Hauswand an der Duke Street in Liverpool, 2014.

SICHER EINE INTERVENTION IM ÖFFENTLICHEN RAUM! Graffiti halt. Auch ein Hilferuf an der Hauswand? Ein postmodernes *de profundis*? Psalm 130? Hier kommuniziert einer mit mir. Packt mich im Vorbeigehen. Bittet um Einhalt: *Hab mich nicht nur über Facebook gern. Hab mich gern im wirklichen Leben.* Ich fühle mich angesprochen, bleibe eine Weile stehen, denke drüber nach. Keiner ist da, nur eine Sprayerei. Doch schon ahne ich einen Menschen, der sich nach echter Nähe sehnt. Sein Wort ist auf der Wand.

Das Gegenstück sind meine Mitfahrer in der S-Bahn. Manchmal sind es auf acht Sitzplätzen sieben, die ihre Smartphones bedienen. Stirnrunzelnd die einen, lächelnd die anderen. Jeder kommuniziert mit jemandem, der gerade nicht hier ist, sondern irgendwo anders. Nicht nah, sondern fern. Mit denen, die gerade hier sind, kommuniziert keiner. Sie erhalten indirekt die Mitteilung, dass sie nicht wichtig sind, jedenfalls nicht für die Anwesenden. Der Nächste ist gerade der Unwichtigste. Mit mir, der sie irritiert und amüsiert betrachtet, redet schon gar keiner. Also grabe auch ich mein iPhone aus und tue es ihnen gleich. Nun bin auch ich *mit* ihnen und völlig *ohne* sie, zugleich hier und weg. Meine Hülle ist noch da.

Die neuen Medien haben uns, denke ich mir in der Duke Street, mindestens in dieser Hinsicht den Göttern gleichgemacht. Wir sind ubiquitär geworden, allgegenwärtig, überall. Was einst göttliches Privileg war, *Ubiquität*, ist nun Allerweltsgut. Ich kann mit meinem kleinen Gerät, wenn sein Empfang stimmt und ich es verstehe, die ganze Gegenwart erreichen und die ganze Vergangenheit abrufen. Mehr oder weniger. Je länger desto besser. Schneller ist es als einst der geflügelte *Hermes* der Griechen! Schneller auch als die *Rúach*, der *Spiritus*, das *Pneuma* der Bibel, das weht, wo es will?

Vielleicht verliere ich aber gerade auf beiden Seiten, frage ich mich in der S-Bahn: Alle, die mir eben nah sind, sind mir fern, und ich habe keine Chance, in jemandem meinen Nächsten zu finden. Also mach auch ich mich davon und verliere zugleich die Chance, selbst jemandem zum Nächsten zu werden. Umgekehrt kann ich surfen, so lang und so weit ich will, meistens ohne mehr zu finden als das schale Echo meiner Sehnsucht. Da kann ich *likes* verteilen, wie ich will: Keiner, der mich berührt, streichelt, küsst. Keine, die mich nährt, bettet, behütet. Nur meine unerfüllte Sehnsucht danach. Nur das unendliche Rauschen des medialen Orkus, in dem alles versinkt und nichts vergeht. Nur die sichere Unverbindlichkeit des Alles und Nichts. Kein Götterhermes oder Gottesgeist, der mir den Hauch des Lebens einbläst oder die Nachricht der Erfüllung bringt.

Hab mich nicht nur über Facebook gern. Hab mich gern im wirklichen Leben. Mit meinem iPhone habe ich den Graffito gerade eben fotografiert. Ich schätze dieses kleine Gerät. Mit ihm in der Hand kommt mir eben das *de profundis* in den Sinn, mitten auf der Duke Street: *Aus der Tiefe rufe ich*, heisst es dort. *Von der Wand her,* denke ich hier. *Höre meine Stimme*, fleht dort einer. *Wenn sie doch gerade alle woanders sind*, frage ich mich hier. Eine bettelt dort: *Ich harre auf sein Wort.* Mir fällt hier ein, *wie oft werde ich einfach weggeklickt*? Likes, likes, likes …

Wer kennt sie nicht, die Sehnsucht, im wirklichen Leben von jemandem Nähe und Liebe zu bekommen, gemocht und *geliked* zu werden? Vielleicht wäre die richtige Antwort auf sie, nicht etwa das Smartphone wegzuwerfen. Nein, nur das nicht! Aber mit ihm nicht allgegenwärtig sein zu wollen wie Götter, sondern einander nahezukommen wie Menschen. Mit dem iPhone in der Hand ein Nächster zu sein, mit gechatteten Worten, das könnte eine Kunst werden in der Postmoderne. Dass ich sie beherrsche, diese Kunst, könnte daran erkennbar sein, dass ich *de profundis* nun auch auf Englisch verstehe. Als Intervention eines Nächsten, der zwar nicht neben mir steht, aber mit seinen Worten anwesend ist, mitten auf der Duke Street.

Namque non potest aedis ulla sine symmetria atque proportione rationem habere compositionis, nisi uti ad hominis bene figurati membrorum habuerit exactam rationem.

Denn kein Tempel kann ohne Symmetrie und Proportion eine vernünftige Formgebung haben, wenn seine Glieder nicht in einem bestimmten Verhältnis zueinander stehen, wie die Glieder eines wohlgeformten Menschen.

Vitruvius,
De Architectura Libri Decem,
lateinisch um 30 v. Chr.

NIEMAND KENNT VITRUVS LEBEN. Niemand weiss, wann genau er geboren und gestorben ist, wie lang er also gelebt und gewirkt hat: vielleicht 85–15 vor Christus. Auch nicht, wann genau er sein Lebenswerk, die *Zehn Bücher über Architektur,* verfasst hat: vielleicht 35–22 vor Christus. Sehr gut weiss man hingegen, dass er das einzige überlieferte Werk der Antike über Architektur geschrieben hat, dieser rätselhafte Vitruv.

Fast jeder kennt die Umsetzung des Kapitels, aus dem dieses Zitat stammt, ins Bild: den nackten Mann Leonardo da Vincis, den mit dem wallenden Haar, der mit beiden Beinen senkrecht steht und seine Arme waagrecht nach beiden Seiten streckt, so dass aus den Berührungen des Kopfs oben, der Füsse unten und der Arme rechts und links ein Quadrat entsteht, und der in demselben Bild die Beine ein wenig spreizt und die Arme ein wenig hebt, so dass ein Kreis entsteht, der auf der unteren Linie des Quadrats liegt und oben seine Ecken berührt. *Der vitruvianische Mensch* nannte Leonardo seine Skizze von 1490. Er meint den *homo bene figuratus*, der als *homo ad quadratum* und als *homo ad circulum* gleich beide Ideale der Vollkommenheit verkörpert: Kreis und Quadrat. Manche kennen den *Modulor* von Le Corbusier: auch eine Figur, die ein Ideal verkörpert, bei ihm den *Goldenen Schnitt.* Für ihn die Figur, die seinen Bauten Symmetrie und Proportion gibt.

Hier nun geht es um Gott. Dank Vitruv weiss man, wie die römischen Tempel zu verstehen waren, die der Generation des Jesus von Nazaret vor Augen standen: Sie sind Stein gewordenes Leben oder lebendig gestalteter Stein. Alle Teile des Tempels sind *Glieder,* die wie die Glieder des Menschen erst gemeinsam den lebendigen Organismus bilden. Der Tempel verkörpert das Ideal des *wohlfigurierten Menschen.* Sein Baukörper lebt wie der Menschenkörper. Der Tempel ist Figur des Humanen. Goethe hat 1787 den Tempel in Paestum so erlebt. In *Faust* fliesst sein Erlebnis in vibrierende Zeilen: *Der Säulenschaft, auch die Triglyphe klingt, / Ich glaube gar, der ganze Tempel singt.*

Der *homo bene figuratus* als Vorbild des Gotteshauses? Der *wohlgeformte Mensch* als Ideal, das dem Tempel sein Mass gibt? Der Mensch also als Mass aller Dinge und nicht etwa Gott? Das abgeschlossene Partizip *figuratus* lässt offen, wer da als offenes Partizip *figurans* bildend tätig gewesen war. Biblischer und antiker Glaube sehen einen Gott als Töpfer, der aus Lehm den Menschen formt und ihm aus seinem Mund Leben einhaucht (Gen 2,7). So trägt der Mensch die Fingerabdrücke Gottes auf sich. Gott ist sein Stigma, sein Massgeber, seine *Symmetrie und Proportion.*

So wäre denn der römische Tempel Vitruvs nichts weniger als dies: dankbare Rückspiegelung des gottgeformten Menschen an seinen idealen, göttlichen Former. So würde die Antwort von Jesus auf die Frage, wie er wohl in drei Tagen den abgerissenen Tempel wieder aufbauen wolle, als göttliche Antwort verständlich: *Er aber sprach von seinem Leib als dem Tempel*, kommentiert Johannes (Joh 2,21). So stünde das Bild des Paulus von der Gemeinde als dem *Leib des Christus* geradezu in einem architektonischen Licht: Der neue Tempel ist der Leib Gottes alias des Christus alias der Gemeinde (1Kor 12,12–31). So wäre denn der ethische Hinweis von Paulus, Christen möchten Gott mit ihrem Leib verherrlichen, als Bezug auf den *homo bene figuratus* zu verstehen: jeder Leib ein Tempel und viele Leiber viele Tempel (1Kor 6,19–20). So wäre schliesslich das apokalyptische Bild von der neuen Himmelsstadt Jerusalem verständlich: Einen Tempel hat sie nicht mehr, weil sie selbst in ihrer *Symmetrie und Proportion* der Tempel ist (Offb 21,9–23).

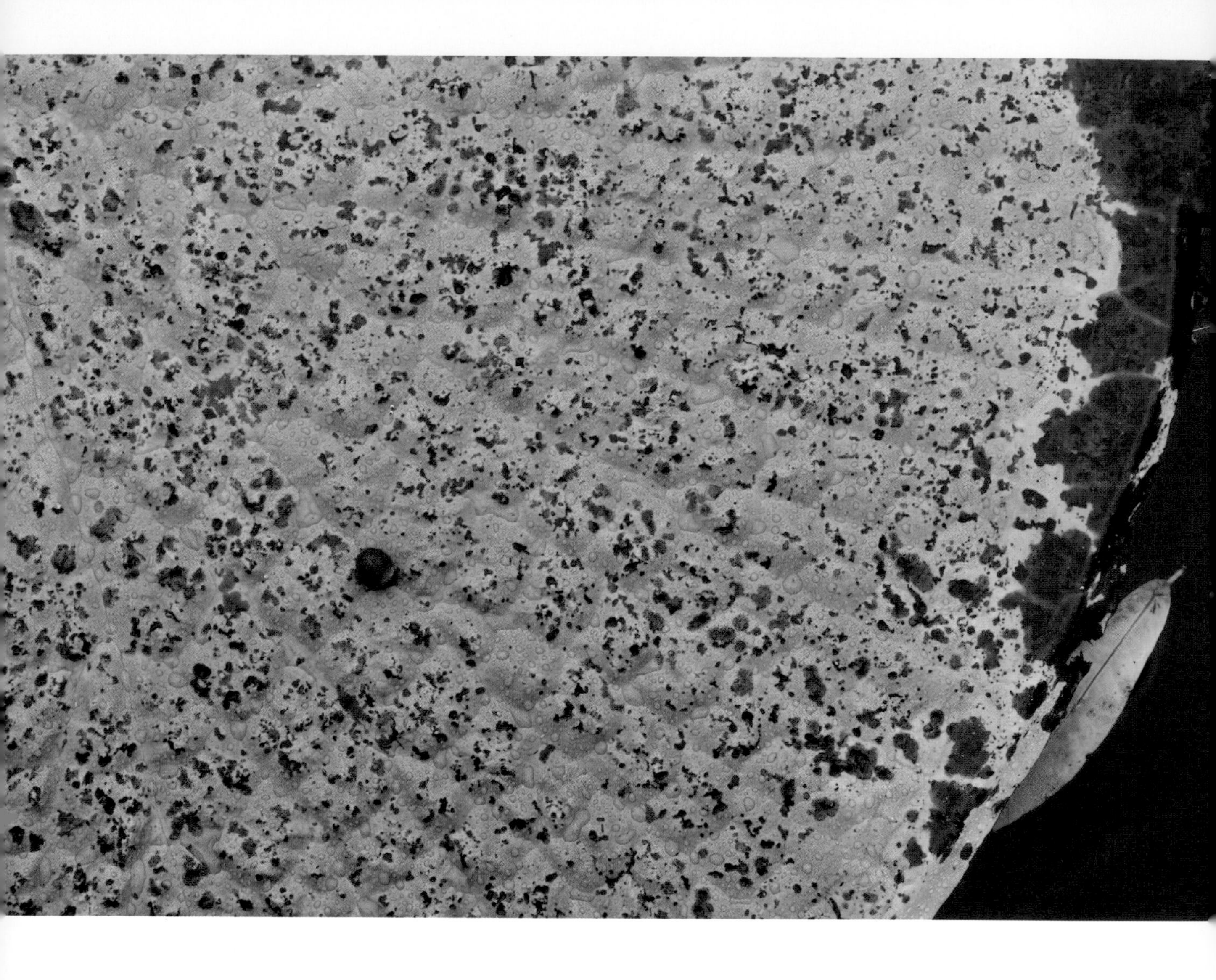

13

Um nicht eines Tages eine noch viel bitterere Einsamkeit ertragen zu müssen, will ich die augenblickliche geduldig auf mich nehmen. Wir Menschen heute, in einer Zeit der Freiheit, der Unabhängigkeit und individuellen Entfaltung, müssen für diese Güter eben den Preis dieser Einsamkeit entrichten.

Sôseki Natsume, Kokoro, japanisch 1914.

DER DIES SAGT, in einem grossartigen Roman aus dem alten Japan, ist ein alter Mann, der völlig vereinsamt ist. Er sagt es zu einem jungen Studenten, der nicht weniger einsam ist. Der Junge verehrt den Alten, weil er in dessen Nähe viel Weisheit ahnt. Aber er bekommt davon nur selten einen Brocken. Der Alte ist verschlossen. Sogar gegenüber seiner Frau. Er trägt ein bitteres Geheimnis mit sich durchs Leben. Die Spannung des Romans liegt darin, dass es sehr lange nicht gelüftet wird und man ihm nur ganz langsam, Seite um Seite, näherkommt. Der Leser ist der ebenso abstossenden wie anziehenden Schweigsamkeit dieses Alten genauso ausgeliefert wie der Junge. Der Alte freut sich insgeheim über dessen Zutraulichkeit und Beharrlichkeit, denn er lässt sich durch seine lakonischen Bemerkungen nicht abhalten, höflich aber bestimmt weiterzubohren.

Das Verhältnis der beiden, die rituelle Höflichkeit der Dialoge, dazu die stillen Häuser und Gärten, das alles hat konfuzianisches Gepräge. Die Männer stehen zueinander wie Vater und Sohn, Lehrer und Schüler, älterer und jüngerer Freund. Es ist dieser tiefe gegenseitige Respekt, des Jungen vor der Lebensleistung des Alten und des Alten vor dem Lebenswillen des Jungen, der die Stimmung des Romans, seine Bilder und Sprache bestimmt. Weil keiner den anderen taktlos berührt, ist das Erzählte so berührend.

Die Weisheit, die hier plötzlich zutage tritt, hat konfuzianische Nüchternheit. Kein Pathos hehrer Werte umflort sie, kein Glanz heiligen Scheinens, keine erhabene Pflicht. Nein, es ist, wie es ist: dass nämlich alles etwas kostet. *Freiheit* gibt es nicht umsonst. *Unabhängigkeit* ist teuer. *Individuelle Entfaltung* hat ihren Preis. Diese drei sind gut, kein Zweifel. Es handelt sich um Güter, die beide nicht verlieren wollen. *Werte,* würden wir heute sagen. *Autonomie* als deren höchster. Kostbar waren sie bereits 1914, bereits im alten Japan mit seinen vielen Ritualen, bereits in diesem strengen Land mit seinen ehernen Traditionen, die so stark sind, dass mit Sicherheit sofort das Gesicht verlöre, wer sie auch nur ein wenig infrage stellte.

Diese Weisheit hier wirkt fast wie eine postmoderne Beschreibung der gegenwärtigen Gesellschaft: Autonomie wird mit Einsamkeit bezahlt. Nüchterner lässt sich nicht beziffern, was auch *heute* als das unüberbietbar höchste Gut gilt: *Selbstbestimmung* bei uns, *liberty of choice* bei den Angelsachsen, bei jungen Generationen das *Selbstdesign* in allen vitalen Belangen bis hin zur Inszenierung des eigenen Abgangs. Auch in der Postmoderne ist der Preis für Freiheit, Unabhängigkeit und Individualität vermutlich ganz derselbe und auch gleich hoch: *Einsamkeit.* Er ist für viele, die ausschliesslich sich selbst verantwortlich sehen für den eigenen Lebensentwurf, vermutlich auch heute so hoch, dass sie in Wahrheit nur noch graduell zwischen einer weniger bitteren und einer noch bittereren Einsamkeit wählen können. So vertreibt der Zwang zur Autonomie den Gewinn der Autonomie. Sie verzehrt sich selbst. Es überlebt die Einsamkeit. Egal, ob *heute* 1914 in Tokyo ist oder 2014 in Zürich. *Hundert Jahre Einsamkeit* …

Will ich diesen Preis zahlen? Soll Autonomie meiner Güter höchstes Gut sein, meiner Werte allmächtiger Wert, meiner Tugenden vorauseilende Tugend? Taugen Freiheit, Unabhängigkeit und Individualität für diesen obersten und durch nichts überbietbaren und auf kein weiteres Ziel verweisenden Rang? Gerade, weil sie auch mir viel bedeuten, denke ich: nein! Wenn nicht die Liebe zuoberst ist, wird Autonomie sich stets selbst verzehren und von den drei unverzichtbaren Werten nur *ein tönendes Erz* und *eine lärmende Zimbel* bleiben (1Kor 13,1). Ohne Liebe zerfrisst das Selbst sich selbst.

Non tam bene cum rebus humanis agitur ut meliora pluribus placeant: Argumentum pessimi turba est. Quaeramus ergo quid optimum sit, non quid usitatissimum, et quid nos in possessione felicitatis aeternae constituat, non quid vulgo, veritatis pessimo interpreti, probatum sit.

So gut steht es mit den Problemen des Menschen nicht, dass das Bessere der Mehrheit gefällt: Beweis für das Schlechteste ist die Masse. Fragen wir also, was am besten zu tun sei, nicht was am nützlichsten, und was uns in den Besitz dauernden Glückes setze, nicht, was von der Masse, der Wahrheit schlechtestem Deuter, gebilligt wird.

Seneca, de vita beata 2,1–2, lateinisch 57–58 n. Chr.

ICH WILL ES LIEBER GLEICH ZUGEBEN, dass ich Senecas Widerstand teile. Etwa den Widerstand, den er heute gegen *ratings* und *rankings* in der Kulturszene leisten würde, gegen Hitlisten und Rangordnungen bei Büchern oder Filmen. Was so viele lesen und sehen, dass es zum *Bestseller* wird, kaufe ich selten oder nie, weil ich denke, dass selten oder nie gut sein kann, was die Mehrheit gut findet. Die schiere Menge ist der Wahrheit schlechteste Deuterin, meint der Philosoph dazu.

Zugleich gebe ich zu, dass ich Kredit-Ratingagenturen für eine anachronistische Groteske halte, eigentlich ein Element des Absolutismus, weil sie als selbst ernannte Weltautoritäten und an jeder demokratischen Gewaltenteilung vorbei Bonitäten taxieren, das Gutsein von Menschen und ihren Werken, die Glaubwürdigkeit von Staaten und ihren Politiken. Das ist der gottgleiche Anspruch einzelner Fachleute, den Seneca, denke ich mal, aufs entschiedenste bekämpfen würde. Das schiere Wissen ist des Guten schlechteste Hüterin, meint derselbe Philosoph.

Ist Seneca arrogant, wenn er die Masse so schlecht *ratet*? Bin ich arrogant, wenn ich Seneca so hoch *ranke*? Seneca konnte kein Demokrat im gegenwärtigen Sinn sein. Und ich will kein Verfechter einer römisch-aristokratischen Lebensweise sein. Aber es lässt sich einiges ableiten, denke ich mal, aus seinen Gedanken *über das glückliche Leben*: Demokratie kann nicht bedeuten, dass eine quantitative Mehrheit die Wahrheit definiert. Und Wissen heisst nicht, dass eine qualitative Minderheit das Gute definiert. Weder Ochlokratie, die Herrschaft des Pöbels, noch Oligarchie, die Herrschaft der wenigen, sind mit Demokratie vereinbar. Im Gegenteil, ihrer muss sie sich dauerhaft erwehren. Doch wie?

Seneca, der an seinem eigenen Schüler gescheitert ist, an Kaiser Nero, der seinen Lehrer zum Selbstmord zwang, Seneca, der seine Einsichten erlitten hat, empfiehlt zweierlei: Nach dem *Besten* müsse man fragen, nicht nach dem *Nützlichsten*, und nach dem *Glück*, nicht nach dem *Gefallen*. *Optimum* und *felicitas* seien zu suchen, nicht Nützlichkeit und Gefälligkeit. Was heute nur nützt und gefällt, ist morgen bereits verschwunden. Die Welt des Gefälligen und Nützlichen ist *nichtig und flüchtig, ein Greifen nach Wind*, würde der hebräische Kohelet dazu sagen.

Beide aber, das *Beste* und das *Glück*, lassen sich nicht einfach definieren, weder von der Masse noch von wenigen. Nein, beide müssen erfragt werden: *quaeramus*! Lasst uns nach ihnen fragen, formuliert Seneca und meint einen dauernden Prozess, an dem möglichst viele beteiligt sind. Das, finde ich allerdings, ist ein sehr demokratisches Element. Demokratie bedeutet Beteiligung. Gefragtsein und Fragendsein. Aus philosophisch begründeter Ahnung heraus, dass beide, das Beste und das Glück, möglicherweise durch Suchen nicht zu finden sind, und aus christlich begründetem Glauben heraus, dass beide, das Beste und das Glück, möglicherweise Geschenke des Himmels sind, haben demokratische Staaten wie die Schweiz in ihrer Verfassung einen Vorbehalt: *Im Namen Gottes des Allmächtigen*.

Das allerdings gefällt mir: Lieber er als die *Bestseller*! Lieber seine Gnade als unser *rating* und *ranking*. Lieber Glück, das verheissen ist, als Gefälligkeit, die verdunstet.

Ist es nicht an dem Übermass, woran wir
Unsern Gott erkennen? Denn etwas tun, das not ist
Liegt rein in der Natur, ist animalisch, mineralisch: aber
Perlmuttbrücken über den Regen schlagen
Und Märchenglanz über den Mond, heimliche Regenbögen
In den Schulp der Tiefseemuschel legen
Und den notwendigen Beischlaf der Fortpflanzung
Zu Feuerschönheit anfachen,
Dass selbst das Unkraut sich nicht ohne Blüte mehrt
Dass Vögel sich nie ohne Lieder reihen:
Es liegt die grosse Menschlichkeit im Mark der Dinge,
Das Übermass der Güte, das zum Menschen spricht
Und das auch ihm zukäme –
Wenn Macht und Wünschen sich vermählen liessen.

Robinson Jeffers, Gottes Exzesse, amerikanisch 1939.

WOHLTEMPERIERT WIE BACHS KLAVIER und massvoll wie eine ausgeglichene Rechnung, so erscheint heute Kirche. Jedenfalls in unseren Breitengraden. *Decently and in order* benehmen wir uns, wie es die reformierten Amerikaner erzieherisch fordern. Aber oft auch belanglos und langweilig, oft auch unauffällig und gewöhnlich. Exzessiv sind Kirchenleute höchstens beim Sparen und Regulieren. Über die Stränge zu schlagen oder *painting the town red*, das überlassen sie anderen. Schauen vielleicht mal heimlich zu, wenn es niemand merkt. Nein, eine Kultur, die den Exzess integriert, kennen sie nicht mehr, die Christenmenschen. Sie sind *kreuzbrav*. Was für ein Adjektiv! Der Duden kennt es und erklärt es mit *grosser Redlichkeit, Biederkeit, Bescheidenheit.* Nicht falsch, nein, gewiss nicht! Gute Tugenden, bleibende Werte, erforderliches Verhalten! Keine Frage.

Kreuzbrav wäre nach dieser Definition *unser Gott* allerdings nicht gewesen, als er schöpferisch tätig war. *Gottes Exzesse*, das steht bei Jeffers für seine *Schöpfung*. Ja das ist recht eigentlich das *Alleinstellungsmerkmal*, die *differentia specifica*, hätte man früher gesagt, die *unique selling proposition*, würde man heute sagen, an der er zu erkennen ist: *unser* Schöpfer. Der etwas nicht nur so weit entwickelt, bis es funktional und nützlich ist, sondern weit darüber hinaus. Der nicht nur das erschafft, was in einem System funktioniert und einen systemisch erkennbaren Sinn erfüllt, sondern weit darüber hinaus. Der nicht nur investiert, was ein Budget kalkuliert, um in einer neuen Sparte einen Wettbewerbsvorteil zu haben, sondern weit darüber hinaus.

Doch wie weit und wohin hinaus? Der Exzess des Regenbogens, des Nachthimmels, des Perlmutts, ja, auch der Exzess der Liebeswerbung und des Orgasmus: wie phantastisch und hyperbolisch, wie übermässig und abgefahren! Wie cool! Dass Naturwissenschaftler für alles eine chemische Verbindung oder eine physikalische Konstellation finden, tut da nichts zur Sache. Dem Dichter ist es ein Exzess. Ein Schritt, der das Notwendige ins Mögliche überschreitet. Ein Schritt, der das Mögliche als das Höhere, Unverfügbare, Kontingente, Erstaunliche erweist. Ein Schritt, der unsere oft auch belanglose und langweilige Alltagswelt, unsere oft auch unauffällige und gewöhnliche Bravheit überschreitet und transzendiert. Wie die Auferstehung das Kreuz.

Doch zum Schluss diese letzte, rätselhafte Zeile. Wie ist sie zu verstehen? Immerhin, das *Übermass* des Schöpfers entpuppt sich als *Übermass der Güte.* Gottes Güte ist daran zu erkennen, dass sie sich nicht in der Nützlichkeit des Geschaffenen erschöpft. Güte ist mehr als Funktionalität. Schönheit gehört zu ihr, Ergriffensein und Versetztwerden, Aussersichgeraten und Abfahren. Wertschöpfung für *faithholder* statt *stakeholder*. Glaube entpuppt sich als Machtverzicht. Wer die Macht der Ordnungen und der Anständigkeit mit seiner Sehnsucht nach dem Möglichen verbindet, kommt in den Genuss dieser Güte.

16

Jede Versammlung,

die zusammenkommt, um die Wahrheit zu erkennen,

wird Bestand haben,

auch wenn die Wahrheit nicht gefunden wird.

Jede Versammlung,

die zusammenkommt, um der Täuschung zu dienen,

wird keinen Bestand haben,

auch wenn die Wahrheit gefunden wird.

Rabbi Yochanan der Sandalenmacher, Pirke Avot 4,14, hebräisch um 100 n. Chr.

VERSAMMLUNG. DAS KANN VIEL SEIN. Konferenzen fallen mir ein, die einberufen werden und reichlich kosten, immerzu und immer wieder, ohne dass je ein befriedigendes Ergebnis herauskäme: Konferenzen zum Frieden in Nahost oder zum Klima der Welt. Parlamente fallen mir ein, in denen Merkwürdiges geschieht, oft dasselbe in denselben, ohne dass die Rituale sich änderten: Männer in Anzügen, die sich prügeln, oder ein Redner, der stundenlang und pausenlos redet. Gottesdienste fallen mir ein, die angesetzt sind, seit eh und je, ohne dass Erlöste oder Versöhnte aus ihnen hervorschwebten: die üblichen, die Entspannung bringen, und die besonderen, die Unterhaltung versprechen.

Des Sandalenmachers Spruch reizt zur Boshaftigkeit. Als einer, der gerade nicht in einer solchen Versammlung sitzt, lässt sich gut mit Steinen werfen. Gerade unsere modernen Versammlungsorte aber sind oftmals Glashäuser von Stararchitekten. Augenscheinliche Transparenz für durchsichtige Versammlungen. Könnten sie, ob Konferenz oder Parlament oder Gottesdienst, vom Sandalenmacher lernen? Wenn sie wollten?

Er hat zwei positive Ziele im Blick: Die Versammlung hat Bestand, und die Wahrheit wird gefunden. Verfügbar ist davon aber nur die Versammlung, während die Wahrheit unverfügbar bleibt.

Die Verfügbarkeit der Versammlung liegt in ihrer Intentionalität: Wozu kommt sie zusammen? Will sie Wahrheit erkennen oder der Täuschung dienen? So tun, als ob es um Wahrheit ginge, in Wirklichkeit aber eigene Absichten durchsetzen? Tut sie hehr und erhaben, entscheidet aber nieder und verlogen? Folgt sie dem Auftrag, die Wahrheit zu finden, oder diesen Lobbys, um jene auszutricksen? Gibt es eine Versammlung mit *unité*, und ist ihre *doctrine* die Wahrheit, so dass ihre *unité de doctrine* echt wäre und kein *fake*?

Die Unverfügbarkeit der Wahrheit liegt für den Rabbi in ihrer Göttlichkeit: Gott ist Wahrheit. Worin er ist, darin ist Wahrheit. Das kann vieles sein. Diese Wahrheit verbirgt sich und offenbart sich, zeigt sich und entzieht sich. Das tut sie ganz unabhängig von der Intentionalität der Versammlung. Moralisch Guten kann sie unsichtbar bleiben und moralisch Schlechten ins Auge stechen.

Hier liegt des Sandalenmachers weisheitliche List: Niemand meine, gute Moral verschaffe sich von selbst Zugang zur Wahrheit! Ebenso meine niemand, schlechte Moral könne automatisch keine Einsicht in Wahrheit haben! Nein, die Wahrheit bleibt bei sich und begibt sich nicht auf die Ebene moralischen Kalküls. Aber der Rabbi hat auch einen pädagogischen Trost auf Lager: Die Einsicht der moralisch Schlechten in die Wahrheit macht ihre Versammlung nicht langlebig, nein, sie löst sich auf, weil sie mit ihr nichts anzufangen weiss. Während die moralisch Guten gerade deshalb beieinander bleiben, weil sie sich nach der Wahrheit sehnen, bis ihnen der Zugang zu ihr, der lang schon versprochene, doch noch gewährt wird.

Zum Glück ist hier kein Platz, die Konferenzen, Parlamente und Gottesdienste der Gegenwart an diesem uralten Spruch zu messen. Dies wäre eine prima Qualitätssicherung. Zum Glück fehlt der Platz, denn seine verschmitzte List reizt zu mancherlei Boshaftigkeit …

Als es Abend geworden war, ging ich fort, mit Liebe von der Witwe Lemma und ihrer Tochter Ammia begleitet. Während ich in der Nacht ging, um Jericho in Phönizien zu erreichen, legten wir grosse Strecken zurück. Als der Morgen dämmerte, waren Lemma und Ammia hinter mir, denn ich wurde geliebt von ihrem Herzen, so sehr, dass sie sich nicht von mir entfernten. Ein grosser und schrecklicher Löwe kam aus dem Tal des Feldes der Gebeine. Wir jedoch, wir waren so sehr im Gebet vertieft, dass Lemma und Ammia durch das Gebet ... (Textlücke) Als ich mit meinem Gebet zu Ende war, hatte sich das Tier zu meinen Füssen geworfen. Ich ward voll Heiligen Geistes, sah es an und sagte zu ihm: Löwe, was willst du? Da sagte er: Ich möchte getauft werden.

Anonymus, Paulus-Akten, griechisch 185–195 n. Chr.

TERTULLIAN, ein Theologe der frühen Kirche (etwa 150–220 n. Chr.), hat ihn verraten: jenen Gemeindeältesten aus Kleinasien, der *aus Liebe zu Paulus* neue Reisen und Erlebnisse des historischen Paulus erfunden, aus Verehrung für den missionierenden Apostel einen Reiseroman geschrieben, aus Freude am Evangelium die Apostelgeschichte verlängert, aus Begeisterung für die Versöhnung die Bekehrung eines Raubtiers berichtet hat. Der hier erzählt, ist der erfundene und nachempfundene Paulus.

Wie sich einst um Orpheus, wenn er auf seiner Lyra spielte und dazu Verse sang, die Tiere scharten, sanfte und wilde, grasfressende und blutrünstige, wie sich dereinst um Franz von Assisi, wenn er predigen würde, die Vögel versammeln würden, so wird hier der wilde Löwe zahm, wenn Paulus betet, und redet gar, wenn Paulus begeistert ist. Ein pfingstlicher Orpheus, dieser Paulus, ein von den Wellen der Liebe Entrückter, dieser Apostel. Griechischer Mythos und christliche Legende treffen sich in schönster Minne.

Wie einst Daniel, der seinem heidnischen König treu war und seinem jüdischen Gott ergeben, vom Löwen nicht gefressen wurde, als höfische Intriganten ihn in die Grube geworfen hatten (Dan 6), so wird nun Paulus nicht gefressen, als er nachts durch die Wüste wandert und das Untier ihm, schaurig genug, aus dem *Tal des Felds der Gebeine* entgegenkommt. Was einst Jesaja als Kennzeichen der neuen Welt verkündet hatte, dass in ihr *der Wolf beim Lamm weilen, die Raubkatze beim Zicklein liegen* und *der Löwe* wie ein Rindvieh *Stroh fressen* werde (Jes 11), ist hier nun wahr geworden. Eine Szene des Friedens, der Überwindung des Bösen durch das Gute. Jüdische Prophetie und christliche Legende treffen sich in schönster Minne.

Minne und Liebe. Versöhnung. Der anonyme Kirchenälteste, ein *no name* im Unterschied zum berühmten Paulus, hat verknüpft, was jeder Gebildete und Belesene der Antike hätte verknüpfen können. Und seine Verknüpfung ist nur denen ein unhistorisches Machwerk, die keinen Sinn für Literatur haben. Den aber hat, wer singt wie Orpheus, predigt wie Franz und betet wie Paulus. Singen, Beten und Predigen sind Literatur und bedeuten, mit Möglichkeiten zu rechnen, die unter Historikern als unmöglich gelten.

Ein Urböses, das die Taufe begehren würde, statt leichte Beute zu machen, scheint eine unmögliche Möglichkeit zu sein. Möglich wird sie durch die Liebe, die stärker wird als der Tod. Sie strahlt aus und reisst das Böse mit und verwandelt es in Gutes. Orpheus, Franz und Paulus sind von der Liebe erfasst. Sie ist ihre Obsession. Sie verdrängt den Tod, der den Menschen nicht mehr besitzt.

Der getaufte Löwe, ein Märchenmotiv, gewiss. Für Historiker, die *hard facts* über Paulus und die frühen Gemeinden suchen, völlig uninteressant. Märchen sind wie Mythen und Legenden *soft facts* über das Leben. In ihnen wird Unmögliches möglich. Und manchmal ist es nicht der Wunsch eines Orpheus, Franz oder Paulus, der solche Literatur erzeugt, nein, manchmal ist es die Obsession der Liebe, die sie Unmögliches singen, predigen, beten lässt. Dann wird Frieden möglich.

18

Bin ich am Ende schon tot, dass man mich nicht sieht?

Auguste Villiers de l'Isle Adam, Folter durch Hoffnung, französisch 1888.

DER SICH DAS FRAGT, ist das Opfer in einer sadistischen Geschichte: ein Jude in den Klauen der römischen Kirche. Die kurze Erzählung spielt zu Beginn der spanischen Inquisition (1478–1834). Der Gefolterte ist historisch nicht belegt, wohl aber der Folterer: Pedro Arbuez d'Espila (1441–1485) war Professor für Ethik in Aragon und dritter Grossinquisitor Spaniens. Seine Aufgabe war perverserweise sogar verständlich: Man hatte die *conversos*, Juden aus alteingesessenen Familien, die unter tödlichen Drohungen zum Christentum übergelaufen waren, nicht zu Unrecht im Verdacht, in Wahrheit ihrem alten Glauben treu geblieben zu sein.

Nouveaux Contes Cruels heisst der Sammelband, in dem diese Erzählung zu finden ist. Das Grausame ist hier allerdings sorgfältig und heimtückisch drapiert. Es verbirgt sich hinter romantischer Spannung, schleicht im Dunkeln leise mit, raunt zwischen den Zeilen: Unter dem Justizpalast von Zaragoza liegt der Kerker der Verurteilten. Der Inquisitor höchstselbst besucht Rabbi Abarbanel. Trotz täglicher Folter seit über einem Jahr ist dieser standhaft geblieben. Pedro kündigt ihm nun für den nächsten Tag sein *Autodafé* an, seinen *actus fidei*, seinen Tod. Der Scheiterhaufen ist bereit. Pedro, schreibt Villiers, habe *Tränen in den Augen im Gedanken daran, dass diese starke Seele sich dem Heil verschloss.* Man nimmt dem Gefangenen die Ketten ab. Der Folterer bittet um Verzeihung. Zum Abschied umarmt der Inquisitor den Rabbi *zärtlich*. Als wären sie Freunde, die sich für immer trennten ...

Allein in seiner Zelle, entdeckt der Rabbi, dass die Tür nicht verschlossen ist. Ungläubig kriecht er durch die Gänge des Verliesses. Er hört Schritte, aber sie gehen an ihm vorbei, ohne ihn zu bemerken. Der Inquisitor kommt vorbei, diskutiert heftig mit seinem Kollegen, starrt ihn an, nimmt ihn aber nicht wahr. Wieder allein, kriecht er weiter, spürt einen kalten Luftzug, öffnet auch diese Tür, sieht ins Freie, erkennt den nachtblauen Horizont der Sierra, riecht vertraute Zitronenbäume, flüstert *Halleluja*, sieht zwei *Schattenarme* vor sich und landet an der Brust des *ehrwürdigen Pedro Arbuez d'Espila*, der aus dem Dunkel getreten war und *ihn betrachtete, die Augen von schweren Tränen gefüllt, wie ein guter Hirt, der sein verirrtes Schaf wiederfindet ...*

Fast unerträglich, derlei zu lesen: diese perverse Freundlichkeit des Kalküls, dieser sadistische Einsatz letzter Hoffnung als letzter Folter. *L'enfer, c'est les autres*, schreibt Jean-Paul Sartre sechzig Jahre später in *Huis Clos* (1944): *Die Hölle, das sind die anderen.* Zur realen Hölle gehört, absichtlich übersehen und vorsätzlich nicht wahrgenommen zu werden, Vernichtung durch Ignoranz und Ausmerzung durch Vergessen. Was der Rabbi sich fragt, als der Inquisitor ihn anstarrt, scheinbar, ohne ihn zu sehen, handelt vom Tod vor dem Tod: von Nihilierung durch Missachtung, vom Holocaust durch Vergessen. Die *geschlossene Gesellschaft* der Inquisition bleibt geschlossen, denn ihre offenen Türen sind nur die sublimste Methode ihrer Foltern.

Villiers, der kritische Katholik, macht die unsichtbar Gemachten sichtbar und gewährt Einblick in die geschlossene Gesellschaft des religiösen Fanatismus. Ein schweigendes Plädoyer ist dies für den wahren *Diener* Gottes: *Das geknickte Rohr zerbricht er nicht, / und den verglimmenden Docht löscht er nicht aus.* (Jes 42,3)

Übrigens: Pedro Arbuez d'Espila, der Diener der Kirche, wurde 1485 während des Gebets in der Kathedrale ermordet, erhielt als Märtyrer eine eigene Kapelle und wurde 1867 sogar heiliggesprochen, hinter *huis clos*.

19

Es ist Zeit zu erkennen, dass das Drama, das sich auf dem amerikanischen Kontinent zwischen verschiedenen Rassen abspielt, nicht nur einen neuen Schwarzen, sondern auch einen neuen Weissen geschaffen hat. Keine wie auch immer geartete Strasse kann die Amerikaner zurück zur Schlichtheit dieses europäischen Dorfes führen, wo Weisse sich noch den Luxus erlauben können, mich als Fremden anzusehen.

James Baldwin, Fremder im Dorf, amerikanisch 1955.

ER GEHÖRT GLEICH ZWEI IRRITIERENDEN MINDERHEITEN AN. Er ist schwarz und schwul. Mit 24 emigriert er nach Frankreich, weil er den Rassismus der *white anglo-saxon protestants*, der *wasps* in New York, nicht mehr erträgt. Mit 27 kommt er erstmals im Sommer für zwei Wochen nach Leukerbad, in das *Dorf*, aus dem sein Geliebter stammt. 1951 war das. Im Winter kommt er wieder, um in der Abgeschiedenheit zu schreiben. Er ist Schriftsteller.

Hier, in der Walliser Kuridylle, ist er nichts als ein *Fremder im Dorf*. Ein exotisches Wesen, ein freilaufender Wilder, eine Kuriosität aus sagenumwobener Ferne. Wie der Tanzbär des Schaustellers oder der Liliputaner des Wanderzirkus. Die Dörfler wollen sein gekräuseltes, drahtiges Haar berühren. Ein Bauer scherzt, er solle es wachsen und sich einen Wintermantel draus weben lassen. Kinder geben ihm die Hand, um sich zu wundern, dass sie nicht abfärbt. Mutige rufen ihm *Neger* nach, und ganz Mutige rennen nicht mal weg. Baldwin sieht das nickende *Negerli*, das in der Kirche Almosen für Afrika schluckt. Er sieht, wie sich junge Männer zur Fasnacht das Gesicht schwarz einfärben, um Dämonen zu verspotten und kreischenden Frauen *Angst vorm schwarzen Mann* einzujagen.

Der Fremde weiss, dass weder Unfreundlichkeit noch Fremdenhass die Einheimischen leitet. Er ist der erste wirklich Schwarze, wohl auch der erste bekennende Schwule, der die Idylle der Bergwelt irritiert. Baldwin preist die winterweisse Welt aus Schnee und Eis. Er liebt die Einfachheit der lebensnotwendigen Verrichtungen. Er bewundert die Dörfler. So anders als in New York ist alles in Leukerbad. So fremd.

In der Fremde des Dorfs reflektiert der Fremde im Dorf sein Anderssein. 1951 war das. Ihm geht auf, dass Schwarze in Amerika, einst importiert als Arbeitstiere für die Plantagen des Südens, nach Generationen keine Afrikaner mehr sind. *Uncle Tom* ist inzwischen ein *neuer* Amerikaner. Fünfzig Jahre nach Leukerbad ist er nicht mehr *Nigger* sondern *African American*. Immerhin. Ebenso sind Weisse in Amerika, einst Wirtschaftsflüchtlinge aus der *Alten Welt*, nach Generationen keine Europäer mehr. *Mr. Shelby*, der *Tom* verkauft hatte, ist heute nicht mehr der typische *wasp*, aber *European American* als Bezeichnung gibt es noch immer nicht.

Wie heisst der *neue Weisse*? *American*? Immer noch werden Minderheiten gelabelt als *African, Latin* oder *Native*. Sie sind Beiwort zum Hauptwort. Der weisse Amerikaner ist Hauptwort ohne Beiwort. Noch immer ist er es, der definiert. Als wäre er nach Generationen noch immer der europäische Pionier. In Leukerbad geht Baldwin auf, wie anders der weisse Amerikaner geworden ist, ebenso anders wie der schwarze Amerikaner. Für diesen führt *keine Strasse* nach Afrika, für jenen keine nach Europa. Amerikaner, findet Baldwin, woher auch immer sie in die *Neue Welt* gekommen waren, können sich den Luxus längst nicht mehr leisten, einander als Fremde zu behandeln. Sie haben eine gemeinsame Geschichte. 1951 war das. Die gemeinsame Geschichte aus Schuld und Versöhnung ist noch lange nicht zu Ende.

Heute gehört auch das Wallis zur offenen Welt. Das nickende *Negerli* ist verschwunden. *Neger* ist ein Unwort. Schwarze und Schwule begegnen auf Schritt und Tritt. Baldwins Frage aber, die der 2011 erstmals auf Deutsch erschienene Essay *Stranger in the Village* den Nachgeborenen stellt, bleibt offen: Können wir uns noch *den Luxus erlauben*, Angehörige von Minderheiten *als Fremde anzusehen*? Kaum. Uns allen gilt längst der uralte Satz Gottes an Israel: *Denke daran, dass du Sklave gewesen bist im Land Ägypten.* (Dtn 5,15) Geschichte hat uns längst verändert. Es gibt keine *Fremden* mehr. Es gibt kein Zurück. Menschen gibt es, Menschen!

20

Wenn ich von frühester Kindheit an, den Lehren der Älteren stets eingedenk, den Pfad des Lebens beschritten hatte und den Weg eines treuen Staatsdieners gegangen war, dann nicht deshalb, weil ich besonders mutig gewesen wäre, und selbst das, was wie Beharrlichkeit und Lerneifer aussah, war Betrug an mir selber und auch an anderen, denn ich war immer nur einer einzigen Strasse gefolgt, nämlich der, die mir gewiesen wurde. Und wenn mein Herz nie in Aufruhr geraten war, dann nicht deshalb, weil ich soviel innere Kraft besessen hätte, sondern nur, weil ich mir aus Furcht vor dem schönen Schein meine Hände und Füsse in Fesseln geschlagen hatte.

Mori Ôgai, Das Ballettmädchen, japanisch 1890.

ALS ICH DIESE BEIDEN SÄTZE LAS, wieder zu Hause von einer Reise nach Fernost, sah ich ihn vor mir, den Kondukteur im Zug vom Airport nach Kyoto. Es war mein erstes Erlebnis in Japan, mein erster Einblick in eine erstaunliche Umgangskultur: Als er den Waggon betrat, verbeugte er sich tief. Mir, dem Einzigen, der ihn beachtete, war eigenartig zumute. Sass ich in der Fürstenloge? Er hatte weisse Handschuhe an. Vor jedem, dem er sich näherte, um das Billett zu kontrollieren, verbeugte er sich eigens. Dasselbe, nachdem er alles für richtig befunden hatte. War er fertig mit einem Waggon, so verliess er ihn, wie man den Tempel verlässt: rückwärts durch die Tür, ohne Berührung der Schwelle, den Blick auf das Heilige gerichtet und nach einer abermaligen tiefen Verbeugung.

Ôgai, einer der Grossen der japanischen Literatur (1862–1922), hatte, als er 1884 nach Berlin kam, sicher die spiegelbildliche Erfahrung gemacht. Wie mir in Kyoto wurde ihm in Berlin das Eigene am Fremden bewusst.

Mir wurde im Zug deutlich, wie viele Umgangsformen und Anstandsregeln meine Welt in fünfzig Jahren aufgegeben hat, und damit auch Distanz und Respekt. Buben, die einen *Diener* machen, und Mädchen, die einen *Knicks* beherrschen, gibt es kaum noch. Die tiefsitzende Achtung der Jüngeren vor den Älteren ist aus vielen Herzen verschwunden. Nein, ich war kein Fürst. Ich staunte nur über Verlorenes und wunderte mich über Vorhandenes.

Ôgai wurde, als er in der Berliner *Klosterstrasse* dem Ballettmädchen begegnete, deutlich, wie tief er, besonders im kaiserlichen Staatsdienst, von Umgangsformen und Anstandsregeln geprägt war, vom vorgespurten Weg versklavt, von der Sorge, das Gesicht nie zu verlieren, gefesselt. Seine unziemliche Liebe, die nach Japan ausgeplaudert wurde, so dass er in Ungnade fiel, hatte in Berlin sein Leben gründlich durcheinandergewirbelt. Dieses Ballett hatte ihm Beine gemacht.

Was mir in Kyoto erstaunlich und beachtlich vorkam, war für Ôgai in Berlin befremdlich und verwerflich. Verkehrte Welt? Ein Plädoyer für das Bild der zwei Wege, das biblische Weisheit propagiert: *Der Pfad der Gerechten ist wie der Glanz am Morgen ... Der Weg der Frevler ist wie die dunkle Nacht.* (Spr 4,18–19) Habe ich in Kyoto den östlichen Morgen entdeckt und er in Berlin die westliche Nacht? Ich ein Gerechter, er ein Frevler? Kaum. Eher sind die Grenzen des jeweils eigenen Wegs und die Alternativen ganz anderer Wege sichtbar geworden.

Was mich im Zug und in der Stadt fasziniert hat, diese hohe japanische Umgangskultur, von der ich mir, ich gebe es zu, hierzulande gern etwas mehr wünschte, hat ihre Grenze dort, wo der Einzelne nicht Herr seines eigenen Lebens werden darf, wo individueller Mut keine Tugend ist und persönlicher Aufruhr undenkbar. Der alte japanische Verhaltenskodex fordert auch schwere Opfer. Die Liebe zum Beispiel, die Wahrheit. Ôgai hat in Berlin einen anderen Weg entdeckt und ist dennoch Japaner geblieben.

Was ihn in Berlin begeistert hat, die Möglichkeit, gegen Stand und Sitte Gefühle zu haben und ihnen gegen Furcht und Schein zu folgen, hat ihre Grenze dort, wo das Zusammenleben gleichgültig wird und der Gemeinsinn verdunstet. Ich habe in Kyoto den andern Weg gesehen und bin Schweizer geblieben.

East goes West – West goes East. Das ist der Weg der Wunder. Der Weg der Wege.

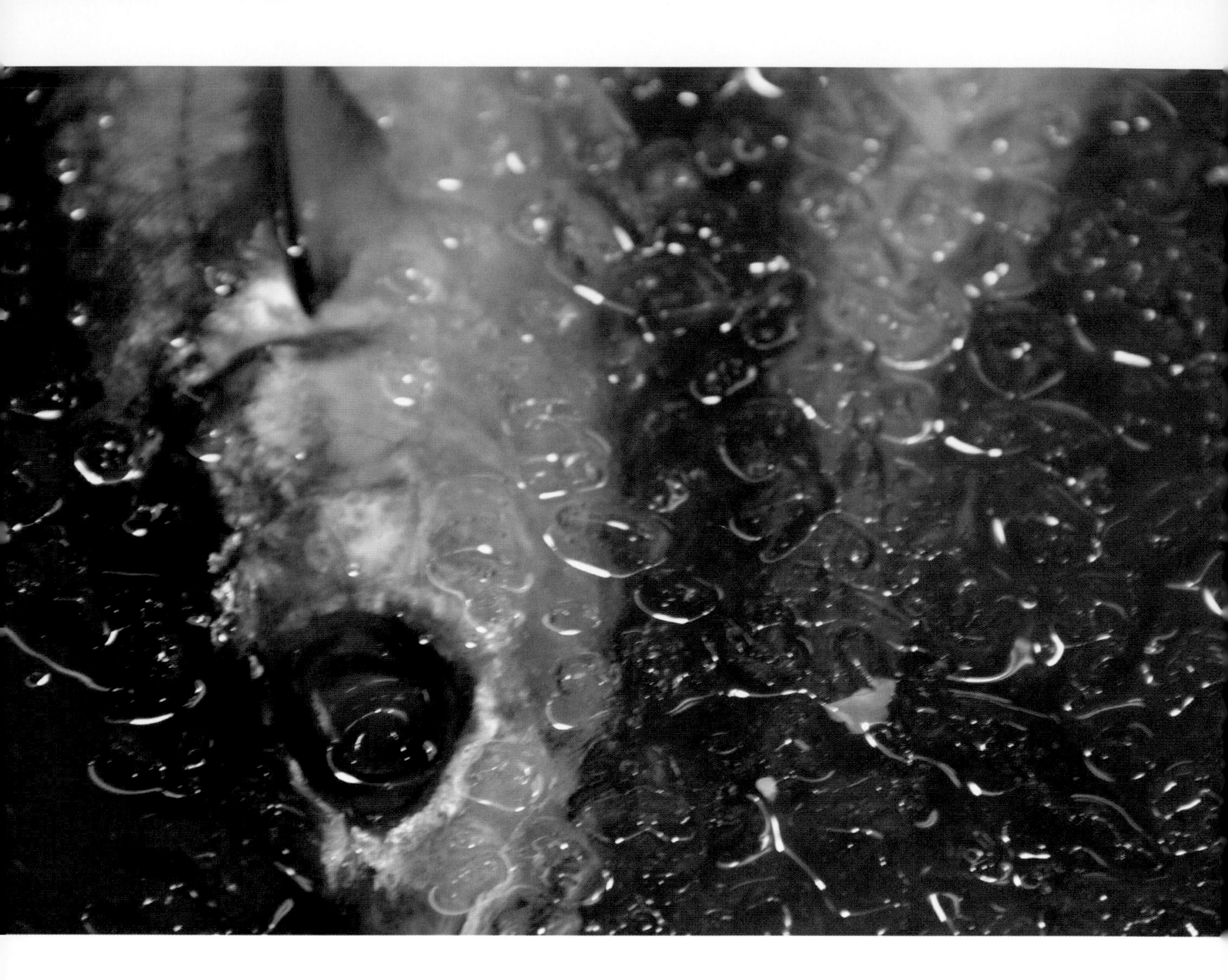

Er hatte sich über das endlich schweigende, weil nun tote Kamel geworfen und klagte, nicht minder laut und herzzerreissend, als es bis eben sein Tier getan hatte. Dann strich er ihm mit den Handflächen über die Lider mit den weibischen Wimpern und schloss ihm so die weit auseinanderstehenden Augen, die bereits gänzlich erloschen waren. Er erhob sich würdevoll, schritt zum nächsten Leib, brach über ihm zusammen, wehklagte und schloss dem Tier hernach die Augen. Dieses Ritual wiederholte er bei jedem einzelnen und liess sich viel Zeit dabei. Preising stockte der Atem, und eine grosse Traurigkeit nahm von ihm Besitz.

Jonas Lüscher, Frühling der Barbaren, 2013.

WAS WAR PASSIERT? Ein silberner Reisebus mit Touristen war in der Wüste Tunesiens in eine Herde von dreizehn Kamelen gerast. Ihr Besitzer hatte sie verbotenerweise auf der Strasse laufen lassen, und der Bus konnte nach einer Anhöhe nicht mehr bremsen. Nun ist eine Existenz ruiniert. Wie von verstorbenen Verwandten nimmt *er* Abschied von seinen Tieren. Er hat eine Beziehung zu ihnen. Sie sind nicht nur sein Kapital.

Preising, der in Jonas Lüschers erster Novelle alles erlebt, ist steinreich und gerade auf Besuch in einer entlegenen Beteiligung seines Konsortiums. Ohne selbst noch arbeiten zu müssen, verdient er an einem Tag so viel, wie die vernichtete Herde wert ist. Er könnte dem Treiber sofort helfen, tut es aber nicht. Erst einmal nimmt den Besitzenden ein Gefühl in *Besitz*: Er trauert.

Die in Tunesien für seine Beteiligungen Zuständige überschaut sofort das kommerzielle Desaster: Der Bus gehört einem verbandelten Betrieb. Die Passagiere kommen aus einer verbandelten Oasenlodge und verpassen nun ihren Rückflug. Die Gäste der Lodge haben nun keine Kamele mehr für ihren Ausritt, denn der Kameltreiber ist mit der Lodge verbandelt. Der *Fun* ist verkarrt. Schlecht fürs Geschäft.

Die skurrile Szene wirkt in der Novelle, kaum hat man weitergelesen, wie eine Prophetie, eine Negativfolie, ein Gleichnis des Kommenden: Der Leser erfährt nämlich von *Preising*, der sich von seinem Fahrer die *Financial Times* geben lässt, um der Trauer zu entrinnen, dass der Finanzplatz London im Begriff ist zusammenzubrechen. In der Lodge angekommen, bemerkt er eine Gruppe von siebzig Engländern: fast alle 25–35-jährig, durchtrainiert, braungebrannt, gutgekleidet, die meisten *Yuppies (young upcoming people)* und *Dinkies (double income no kids)*, eingeladen zu einer millionenschweren Hochzeit. Fünfzig von ihnen sind Analysten und Händler am Finanzplatz London, der tatsächlich, *shit happens*, genau während der *Party* zusammenbricht. Staatsbankrott.

Dreizehn verkarrte Kamele und ein ruinierter Treiber. Milliarden verschrottete Aktien und fünfzig entlassene Jungbanker. Zwei Crashs, so ähnlich wie verschieden. *Zerstreut hat er, die hochmütig sind in ihrem Herzen. Mächtige hat er vom Thron gestürzt ... und Reiche leer ausgehen lassen.* Diese Zeilen aus Marias Psalm werden, wie Lüscher die Snobs beschreibt, dem Leser zum stillen Fest (Lk 1,51–53). Doch ist nun der *Niedrige* auch *erhöht* und der *Hungrige gesättigt mit Gutem*? Der Kameltreiber etwa? Ist da nun einer, der wundersam kommt? *Preising* zum Beispiel, der Beobachter und Berichterstatter, dessen Name an den *Gepriesenen* erinnert, der da kommt?

Nein, es kommt zum apokalyptischen Showdown. Die hippen Performer mutieren zur blutigen Urhorde. Die Lodge verbrennt. Nein, die *unerhörte Begebenheit*, die Goethe für eine *Novelle* fordert, bleibt aus. Fast. Vielleicht liegt sie in der Koinzidenz der beiden Crashs bzw. im Umgang damit: Die *Würde* ist unerhört, mit der ein ruinierter Kameltreiber, ein *no name*, sich hier verabschiedet von seinem Besitz, unerhört die Menschlichkeit, die er seinen Tieren im Abschied gewährt. Während sich die gestürzten Banker als alte *Barbaren* entpuppen, kaum ist die Maske gefallen und der *Style* verdunstet. Würdelos und tierisch kommt ihre eigentliche *Performance* zum Vorschein: *homo homini lupus.* Als kennte der Mensch den Menschen nicht. Falsche *Wimpern.*

22

Kleine Stoffe

Wie herrlich ist die Poesie,
Dass Dinge klein und nichtig,
Ergreift sie die und schmücket sie,
Erscheinen gross und wichtig.

Du kannst, nach welchem Gegenstand
Dein Lieb die Hand mag heben,
Durch Zauber dieser zarten Hand
So starken Nachdruck geben,

Dass man mehr Anteil nimmt am Lied,
Als wenn in Zeitungsblättern
Man Heldenarm' erhoben sieht,
Um Welten zu zerschmettern.

Friedrich Rückert,
Taschenbuch für Damen, 1822

DAS WAREN ZEITEN, als es noch das *Poesiealbum* gab und den *Almanach*. Als es noch Wörter gab wie *Kleinod* oder *la petite folie*. Als man sich für eine schöne *causerie* noch mit einem selbsterdachten Vers bedankte. Zeiten waren das, als ein Adalbert Stifter *das sanfte Gesetz* loben konnte, das im überschäumenden Milchtopf der Häuslerin dasselbe Naturereignis erkannte wie im ausbrechenden Vulkan. Zeiten, als ein Gottfried Keller dem *Tod eines Mückleins* eine *Kleine Passion* widmen konnte. Als ein Friedrich Gottlieb Klopstock den *Tropfen am Eimer* feiern konnte, denn er *rann aus der Hand des Allmächtigen auch.*

Kleine Stoffe können Grosses tragen, wie die Ameise das Hundertfache ihres Gewichts. Können! Man muss allerdings wie die Dichter und Maler einen poetischen Blick dafür gewinnen. Man muss seine *Liebe* darauf richten. Man muss sehen. Sonst wird aus dem Können nichts.

Doch wie verstellt und verblendet ist der Blick, wenn die *Zeitungsblätter* ihn dirigieren und lenken: auf die *charts* und *hits*, auf die neuesten Einträge im *Guinness Book of Records,* auf die wöchentlichen *ratings* und *rankings*, die *ins and outs*, die *dos and don'ts*. Wie zerquält die Sprache, wenn keine Mitteilung ohne Superlativ auskommen kann und keine Leistung ohne Applaus; wenn ein rasch hingeworfenes *Super* als Kleingeld im Beutel klingelt! Geradezu anästhesiert wirkt er, grotesk und monströs, der neue *hero* mit anabolikagestählten *Heldenarmen*, testosterongesteuertem Rammelgebaren und botoxgeschwängerter Kämpferstirn. *Gross und wichtig* zu tun, um gross und wichtig zu werden, scheint zuweilen alles zu sein. Als *Superstar* entdeckt zu werden! Auf den *Walk of Fame* zu gelangen. *Top* zu sein.

Ein *Weichei* hingegen, wer Gedichte liest oder schreibt. Ein *Warmduscher,* wer sich für Sanftes und Kleines interessiert. Ein *Gutmensch,* wer sich den Übersehenen und Unterschätzten zuwendet. Rückert, der Mann zur Zeit des aufkommenden Männlichkeitswahns, hatte ein Jahrhundert, bevor dieser Wahn mörderisch wurde, gegengesteuert. Wahre *Herrlichkeit,* ihr neuen Herren, wird im Kleinen sichtbar! Wer sich so tief beugen kann, ist wirklich gross. Wer das Potenzial der *kleinen Stoffe* und *nichtigen Dinge* erkennt, entfaltet deren Macht und wird mit ihnen gross. Eine andere Art von Grösse.

Adventlich und weihnächtlich fast: ein Säugling als neuer *hero*, ein Stall als wahre *Hall of Fame*, gewöhnliche Haustiere und gewöhnliche Leute als erste Zeugen einer aufkommenden Welt, in der Kleines gross wird und Grosses klein. *Er wird ein Knecht und ich ein Herr, das mag ein Wechsel sein*, meinte um 1560 Nikolaus Herman dazu. Weihnachtspoesie.

Doch wie es ist, glaube ich, wir müssen dich neu schaffen. Wenn wir uns neu schaffen sollen, müssen wir auch dich, Herr, neu schaffen. Wir brauchen einen Ort, auf den wir unsere Füsse setzen können. Wir sind schwach und klein und wanken hier in unserer Zivilisation … Nichts hält uns ausser unserer Liebe füreinander, ausser unseren Ehen, den Kindern, die wir in unseren Armen halten – nichts ausser diesen schwanken, anflutenden und verebbenden Empfindungen rechtfertigt unser Bewusstsein und bewahrt uns davor, aus dem Universum hinauszufallen. Nicht genug – es ist nicht genug. Wir brauchen einen Standort. Ich bitte um einen Grund zur Hoffnung, dass diese Wehen unserer Seelen ihre Lösung in dir finden werden, Herr, dessen Name heilig ist. Hierum bitte ich für uns alle auf diesem deinem kleinen Planeten. Amen.

E.L. Doctorow, City of God, amerikanisch 2000.

DAS ENDE EINES GEBETS UND DAS ENDE EINES ROMANS. Auch das Ende einer Odyssee durch den religiösen Dschungel New Yorks. Dieses Schmelztiegels, der auch ein Hexenkessel ist und auch ein Einkaufsparadies, den einen ein himmlisches Jerusalem, den anderen ein satanisches Sodom, den meisten zuerst ein babylonisches Exil, in dem sie aber wider Erwarten sesshaft geworden und zu guter Letzt geblieben sind.

Doctorow nennt New York die *City of God*, was nichts anderes ist als die englische Übersetzung von *civitas Dei*. Über sie hatte einst Augustin in zweiundzwanzig Büchern nachgedacht (413–426 n. Chr.). Das war am Anfang der Christianisierung der Welt. Für ihn stand die *civitas Dei* allerdings der *civitas terrena* gegenüber, denn der *Gottesstaat* war gerade nicht identisch mit dem *Erdenstaat*. Nur dort, wo Christinnen und Christen sich dieser Utopie des Glaubens gemäss verhielten, würde schon jetzt etwas von ihr aufleuchten. Der Erdenstaat wäre also bestenfalls ein Gemisch aus Gottgewolltem und Widergöttlichem.

So allerdings erscheint auch New York am Ende der Christianisierung der Welt: als ein religiöser Dschungel mit unglaublicher Biodiversität. Alles jemals Geglaubte gedeiht dort, und alles zur gleichen Zeit. Ob Voodoo oder Santería oder Candomblé, ob Chassidismus oder Sufismus oder Zen, ob Religionen oder Konfessionen oder Denominationen: Alles gibt es in New York. Nebeneinander und Übereinander und Ineinander. Die Stadt trieft vor religiösem Überschwang. Es quillt und kocht an allen Ecken. Es spriesst und wuchert und modert.

Der Plot des Romans ist einfach: Der Pfarrer der Episkopalen macht ein Mittagsschläfchen, als aus seiner Kirche das monumentale Messingkreuz gestohlen wird. Tage später findet es sich auf dem Dach einer Reformsynagoge wieder. Darüber entstehen interreligiöse Beziehungen. Geschichten werden erzählt. Theologie verzapft. In einem grossen Gebet endet alles – teils fromm, teils blasphemisch.

Wie sich bei Calvin Gotteserkenntnis und Selbsterkenntnis zur selben Zeit einstellen, stellen sich bei Doctorow Gottesdämmerung und Selbstdämmerung zur selben Zeit ein. Mit Gott verdunkelt sich auch der Mensch. Beide verschwinden gemeinsam und treten auch gemeinsam wieder hervor. Wie beim kleinen Propheten Haggai hat der Mensch keinen Ort, solange sein Gott keinen Ort findet.

Doctorow meint nicht den Kirchenbau, nicht die Tradition, nicht Institutionen. Sie alle sind längst nachinstitutionell und nachsäkular im grossen *flow* der grossen *city*. Er meint das religiöse Gebrodel, das ruhelose Unterwegs der Stadtnomaden, das Labyrinth der Sprachspiele, in denen Gott mehr denn je ein Hauptwort ist. Eines, das der Mensch braucht, um Mensch zu werden. Eines, das vielleicht sogar Gott braucht, um bei den Menschen zu bleiben. Das Ende des Gebets spielt wohl auf Augustin an, der die Sehnsucht nach einem Ort so beschrieb: *fecisti nos ad te et inquietum est cor nostrum, donec requiescat in te.* Am Ende doch noch zum Auswendiglernen: *Gemacht hast du uns zu dir hin, und unruhig ist unser Herz, bis es ruhen wird in dir.*

Krieg dem Ganzen!

Jean-François Lyotard, Was ist postmodern?, französisch 1982.

EINE ABSURDE PAROLE, könnte man meinen. Klingt fast wie der Aufruf zum totalen Krieg. Am 18. Februar 1943 hatte Joseph Goebbels im Berliner Sportpalast die rhetorische Frage gestellt: *Wollt ihr den totalen Krieg?* Alle standen sie, alle schrien sie *Ja,* alle applaudierten sie minutenlang. Eine totalitäre Parole, die Lyotard, der französische Philosoph, hier ausgibt: *Guerre au tout!* Ja und Nein.

Ja, weil sie einen typischen Wesenszug der Moderne geisselt. Die Parole parodiert, was sie bekämpft. In der Form des Bekämpften stellt sie sich ihm entgegen. Totalitär und absurd. Sie entlarvt die Monstrosität und Absurdität des totalitären Anspruchs. In der Anspielung auf 1943 ist es der Anspruch des Faschismus. Gleichzeitig aber geht es ihr auch um Ansprüche paralleler Monstrositäten und Absurditäten: um die des Bolschewismus und die des Maoismus, des Panslawismus, Panturkismus, Panarabismus, um die des Islamismus und aller anderen Fundamentalismen. Ja, die Parole will totalitär scheinen, weil das Bekämpfte totalitär ist: Alle diese *Ismen* erheben Anspruch auf das *totum,* auf das *Ganze.* Sie wollen stets das Ganze erklären und umfassen, beherrschen und steuern. Sie beanspruchen das Interpretationsmonopol und die Definitionsmacht. Sie denken für Menschen deren Geschichte, Gegenwart und Zukunft. Sie stülpen allen ihre Gesamterzählung über, ihre Metageschichte, ihren Neomythos.

Nein, Lyotards Parole ist nicht totalitär, weil sie einen Aufsatz über die Postmoderne beschliesst. In ihm zeigt er, wie die gesamte Welt im neunzehnten und zwanzigsten Jahrhundert für die transzendentale *Illusion*, die eine und ganze, die alles erklärende und in alles einweisende Metageschichte gefunden zu haben, mehrfach *den Preis des Terrors zu entrichten* hatte. Der pandemische Einheitswahn, es möge die eine Erklärung restlos alles deuten und in ihrer Deutung restlos alle vereinen, kostete Hunderte von Millionen das Leben. Lyotards absurde Parole richtet sich gegen dieses absurde Denken und seine monströsen Folgen.

Leider ist sie aktuell. *Der Schoss ist fruchtbar noch, aus dem das kroch.* Was Brecht bereits 1941 schrieb, zwei Jahre vor der Goebbelsrede, behält seine prophetische Warnung auch in der Postmoderne: Die Lust, mit einem grossen Coup eine bessere Welt zu schaffen, kehrt alle Jahre wieder. Der Wunsch, das Viele auf einen Nenner zu bringen, beseelt viele, im verwirrenden Dschungel der Gegenwart erst recht.

Auch im Christentum, auch in der Kirche, auch unter uns. Leider gab es auch unter Christen immer wieder Vordenker und Bewegungen, die das Evangelium mit der transzendentalen Illusion verwechselten, die vielen Geschichten der Bibel mit der einen Heilsgeschichte, den biblischen Dschungel mit der uniformen Moral. Und die andere den Preis des Terrors zahlen liessen. Dafür Busse zu tun und um Vergebung zu bitten, bedeutet auch heute, derlei Denken zu dekonstruieren und sich Lyotards Parole anzueignen. Auch unter uns, auch in der Kirche, auch im Christentum.

Der Schluss von Lyotards Aufsatz ist noch um vier beschwörende Aufforderungen länger: *Krieg dem Ganzen, zeugen wir für das Nicht-Darstellbare, aktivieren wir die Differenzen, retten wir die Differenzen, retten wir die Ehre des Namens.* Eine Adventsmeditation, könnte man meinen. Weihnachten zeugt für das Nicht-Darstellbare: dass Gott Mensch wird, wo doch der Mensch gern Gott würde. Weihnachten aktiviert Differenzen: dass der Höchste das Niedrigste würdigt, seine Heimat zu sein. Weihnachten rettet Differenzen: dass *Hungrige gesättigt* werden und *Reiche leer ausgehen* (Lk 1,53). Weihnachten rettet die Ehre des Namens: dass Gott Gott bleibt, indem er Mensch wird, und der Mensch Mensch wird, indem er Gott glaubt. Auf seine Art war das Evangelium zu allen Zeiten postmodern: *paix aux hommes de bonne volonté*!

Ja, ein ganz klein wenig merkten das die Toblers sicher. Die Frau betrachtete ihn mehrfach fast mitleidig. Die vier Kinder, zwei Mädchen und zwei Knaben, sahen ihn wie etwas Wildfremdes und Sonderbares von der Seite her an. Diese ungeniert fragenden und forschenden Blicke entmutigten ihn. Solche Blicke erinnern eben an die Angepflogenheit an etwas Fremdes, an die Behäbigkeit dieses Fremden, das für sich eine Heimat darstellt, und an die Heimatlosigkeit desjenigen, der nun so dasitzt und die Pflicht hat, sich möglichst rasch und guten Willens in das behagliche fremde Bild heimatlich einzufügen. Solche Blicke machen einen frieren im heissesten Sonnenschein, sie dringen kalt in die Seele, bleiben da einen Moment kalt liegen und verlassen sie wieder, wie sie gekommen sind.

Robert Walser, Der Gehülfe, 1908.

1906. Ein Bediensteter tritt seine Stelle als *Gehülfe* eines Ingenieurs an. In einer Schweizer Stadt an einem Schweizer See. Er wohnt nun im Haus seines Meisters und lebt fortan mit dessen Familie unter einem Dach. Nun also das erste Essen.

Walser schafft mit wenigen Sätzen eine Stimmung der Zeit. Er schreibt aus der Sicht des Bediensteten, wie es sich in seinen Augen abspielte. Was die Toblers sicher *ein ganz klein wenig merkten,* war der Umstand, dass er *aus den Tiefen der menschlichen Gesellschaft her* gekommen war, *aus den schattigen, schweigsamen, kargen Winkeln der Grossstadt. Er hatte seit Monaten schlecht gegessen.* Die *Grossstadt* dürfte Berlin gewesen sein. Er war aus dem Ausland zurückgekehrt. Hatte dort nicht sein Glück gemacht. Brachte eher einen Makel mit.

Die Familie hingegen, zu der er nun gehört, ist *hablich*, wie es am See heisst. Wädenswil ist gemeint, wo Walser selbst eine Weile lebte. Ein bescheidenes, aber herrschaftliches Haus. Auf grünem Hügel, umgeben von einem Garten, mit herrlichem Blick auf den See, in die Bläue einer seligen Landschaft. *Behaglich* ist alles und *heimatlich*.

Alle schauen von oben her auf ihn, nicht gerade plump von oben herab, aber doch unüberhörbar aus hablicher Perspektive: *Mitleidig* die Herrin, die Walser als schnippisch und ignorant zwar, aber treffsicher schildert, mit einem eingeborenen Sinn für standesgemässe Symbolik. *Ungeniert* die Kinder, die hemmungslos gaffen und schamlos fragen, mit den Gepflogenheiten und Sicherheiten des väterlichen Kleinunternehmertums, das es zu etwas gebracht hat, hinter sich, als wären sie das eigene Verdienst.

Das Habliche ist auch das *Behäbige*. Kein Grund für die, die schon da sind, sich auf den Fremden zuzubewegen, ihm irgendeine Hand zu reichen. Nein, an ihm ist es, *sich möglichst rasch und guten Willens in das behagliche fremde Bild heimatlich einzufügen.* Das muss man mehrfach lesen, denn es ist die Anforderung der Hablichen an die Habenichtse, die heute *Wirtschaftsflüchtlinge* heissen: sich *in das behagliche fremde Bild heimatlich einzufügen.* Werde wie wir! Mach das Fremde zu deiner Heimat! Füg dich ein! Werde behaglich wie wir! Hablich und behäbig wie wir wirst du aber dennoch nie!

Gönnerhaft sind sie und haben doch keinen Grund dazu, denn das findet der Fremde, der sich einfügt, schnell heraus: Die Geschäfte gehen schlecht, die Finanzen sind rückläufig, die Fassade bröckelt. Walser lässt den, der von draussen in diese Idylle kommt, deren Wahrheit entdecken und beschreiben. Der *Wildfremde* und *Sonderbare* wird zum Analytiker und Reporter dieses *Heimatlichen*. Wie die kalten Blicke der Kinder ihn sezieren, noch in der trügerischen Gewissheit, dem fremden Fötzel überlegen zu sein, so seziert er, als wäre er ein Forscher der Berliner Humboldt-Universität, das Familienleben und Geschäftsgebaren dieser endemischen Spezies am Zürichsee, um sie am Ende des Romans wieder zu *verlassen, wie* er *gekommen* war.

Damals der *Gehülfe,* der eine Stelle fand, heute der Wirtschaftsflüchtling, der keine finden darf. Was hat sich geändert? Immer noch sind Oben und Unten im besten Sinn des Worts fragwürdig, und nicht jede Antwort dürfte gefallen.

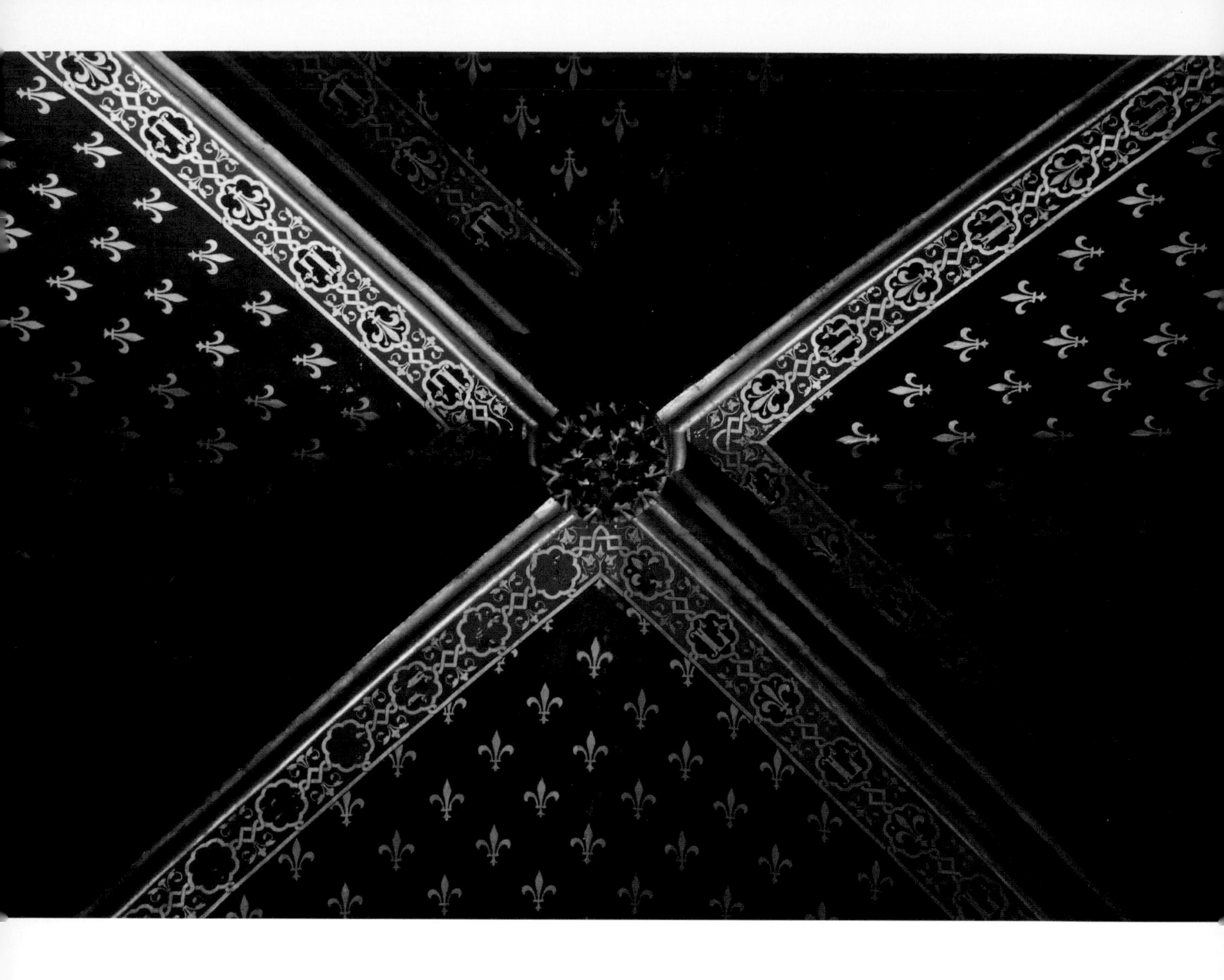

Und während ich der Frau in der Kirche zusah, wie sie das Teleskoprohr des Staubsaugers langsam zusammenschob, kam mir der Gedanke, dass möglicherweise auch ihr Leben in Belgien der Versuch war, etwas zu vergessen. Vielleicht war ihre Anwesenheit in der Kirche eine Flucht im doppelten Sinne: eine Flucht vor den Anforderungen des Familienlebens und eine Zuflucht vor dem, was sie in Kamerun oder im Kongo oder sogar in Ruanda gesehen hatte. Vielleicht floh sie nicht vor etwas, was sie getan, sondern vor etwas, was sie gesehen hatte. Das waren Mutmassungen. Ich würde es nie herausfinden, denn ihre Geheimnisse gehörten ihr allein, wie den Frauen, die Vermeer gemalt hatte, getaucht in das graue Licht der Niederungen.

Teju Cole,
Open City, amerikanisch 2011.

HIER KOMMT IN WENIGEN ZEILEN ZUSAMMEN, was der Bau einer historischen Kirche heute sein kann. Für Menschen, die ihn brauchen.

Der Autor ist Nigerianer und lebt in New York. Dort hat er diesen New-York-Roman geschrieben. Ein gefeierter und mit Preisen geehrter Mann. Ein Schwarzer in seiner Wahlheimat. In einer Stadt, die aus Sicht der *wasps,* der *white anglo-saxon protestants,* gerade kippt: die Mehrheit der Bevölkerung wird lateinisch, und dazu die vielen Schwarzen ... Hier aber ist er Tourist in Europa und besucht eine alte Kirche. Sie wird für ihn, der sich in europäischer Kultur besser auskennt als mancher Europäer, zum Sehnsuchtsraum. Sehnsucht nach kraftvoller Expressivität des Glaubens, nach starker kunstvoller Gestaltung, nach Kirchenkultur.

In der Kirche sieht er eine Putzfrau, die wie er nicht aus Belgien stammt. Eine Afrikanerin, die er sich in *Kamerun* vorstellt, wo es vergleichsweise harmlos zugeht, oder im *Kongo,* wo Vergewaltigungen gerade jetzt wieder als Kriegswaffe eingesetzt werden, oder gar aus *Ruanda,* wo es 1994 zu einem unbeschreiblichen Genozid gekommen ist. Für sie, die hier Geld verdient, ist die Kirche offensichtlich auch ein Wirtschaftsraum. Sie hat Familie. Irgendwo warten hungrige Mäuler. Sie arbeitet.

Vor allem aber, sinniert der Afrikaner über die Afrikanerin, wird die Kirche ein Schutzraum sein für sie, ein Ort der Zuflucht, ein Asyl. Täter flüchten sich ja eher selten in Kirchen, das tun die Opfer. Diese suchen sie auf, während jene sie eher abreissen. Es muss sich, mutmasst der Beobachter, um Schreckensbilder handeln, um Szenen des Grauens, um Albträume, vor denen sie sich hierher flüchtet, um Gesehenes, das sich für immer in die Netzhaut geätzt hat, Tag und Nacht nicht ungesehen zu machen. Aber hier ist es anders. Die Kirche als Schutzraum vor den Dämonen des Geschehenen.

Mutmassungen nennt er seine Gedanken. Ein Wort irgendwo zwischen Imagination und Spekulation. Ein schönes, altes Wort, das ihn zu schönen, alten Bildern führt: zu Jan Vermeer van Delft und seinen Frauen, die still bei ihrer Arbeit sind oder sonst in einer Tätigkeit versunken: die *Perlenwägerin,* die *Dienstmagd mit Milchkrug,* das *Mädchen mit dem Perlenohrgehänge,* die *Briefleserin am offenen Fenster,* die *Spitzenklöpplerin, Junge Frau mit Wasserkanne am Fenster.* Alle still und versunken, ganz bei ihrer Sache, in Räumen zwar, aber *getaucht in das graue Licht der Niederungen,* das durch ein Fenster hereindringt. Der Kirchenraum als Geheimnisraum. Hier hat die liebe Seele Ruh, ist aufgehoben und geborgen. Ob müde oder ausgelaugt oder traumatisiert, die alte Kirche mit ihrem gefilterten Licht, mit ihren Nischen und Winkeln, mit ihrer Stille birgt.

Sehnsuchtsraum, Wirtschaftsraum, Schutzraum, Geheimnisraum: Der alte Bau ist eine Heterotopie, der Sonderfall für Sonderfälle, der Andersort in den *Niederungen* des Lebens. Für Opfer sicher, hoffentlich auch für Täter. Der Nigerianer aus New York erlebt es in Belgien mit einer Afrikanerin, keiner weiss, von wo?

Als über die Goldene Zeit du Herrscherin warst, Gerechtigkeit, unbefleckt noch vom Übel, gütigste Jungfrau, ob du nun des Astraeus Geschlecht bist, von dem die Sage erzählt, er sei der Vater der Sterne, oder ob deiner Abkunft wahre Geschichte im Laufe der Zeit sich verlor: Froh und aufrecht wandeltest du inmitten der Völker. Nicht hast du's verschmäht, unter die Dächer der Menschen zu treten, o Göttin, und in ihre Häuser, rein und frei vom Verbrechen. Recht hast du gewiesen, das rohe Volk mit neuer Gesittung gebildet, in jeglicher Lage des Lebens Rechtschaffenheit zu bewahren. Noch nicht hatte Raserei wahnwitzige Schwerter gezogen. Zwietracht war nicht bekannt unter Blutsverwandten. Unbekannt auch die Fahrt übers Meer. Willkommen genug war das eigene Land, und nicht hiess gierige Hoffnung Schiffe zimmern und mit unzuverlässiger Winde Hilfe fern nach entlegenen Schätzen streben. Von selbst schenkte die Erde, dem Bauern huldvoll geneigt, ihre Früchte. Kein Grenzstein auf kleinem Acker wies den Besitzern ihr Land. Auch ohne ihn war es vollkommen sicher.

Germanicus, Aratea 103–119, lateinisch 14–19 n. Chr.

IUSTITIA INVIOLATA MALIS, die von Übeln unverletzte, die vom Bösen unbestochene, die vom Schlechten unberührte *Gerechtigkeit* wird hier besungen. Die *Goldene Zeit* wird hier beschrieben, bevor *die rohere Zeit aus Silber* drankommt und dann *das eherne Geschlecht.* Tatsächlich, die römische Justitia ist eine *virgo* wie die palästinische Maria, die fast zu derselben Zeit von einer biografisch *jungen Frau* (Jes 7,14) zur moralischen *Jungfrau* wird (Lk 1,27). Unverletzt, unbestochen und unberührt werden zu *unbefleckt,* als ob Körperlichkeit ein Makel wäre und Makellosigkeit ein Lebensziel. Palästinisch-römisch wird die *immaculata* geboren, und seither ist Sexualität die Trägerin des Üblen, Bösen und Schlechten und also ein menschlicher *Makel.* 1854 wurde die lange Geschichte dieses Makels sanktioniert und als Makellosigkeit einer einzigen Frau päpstlich in römischen Stein gemeisselt.

Dabei war die Idee doch eine ganz andere. Um Gerechtigkeit für alle ging es, um eine soziale Ethik, nicht um persönliche Moral, nicht um die Makellosigkeit des Einzelnen. Beim kaiserlichen Germanicus in Rom wie beim prophetischen Jesaja in Palästina: *Dickmilch und Honig wird er essen, bis er versteht, das Böse zu verwerfen und das Gute zu wählen.* (Jes 7,15) Der angesagte *Immanuel* wird in einem goldenen Klima aufwachsen, der verheissene *Mitunsgott* wird Zeit haben, zur Gerechtigkeit zu finden und sie zu üben. Justitia und Maria haben eine geheimnisvolle Herkunft, und sie ist so oder so göttlich: *Astraeus,* Vater der Justitia, ist auch Vater der Winde und Gestirne, während ein heiliger Wind namens *Pneuma* über Maria kommt und in ihr Heiliges zeugt (Lk 1,35).

Bilder, ja! Wunderbare Bilder mit zwei wunderbaren Botschaften. Die erste: Gerechtigkeit ist keine menschliche Erfindung, sondern ein göttliches Geschenk! Und die zweite: Um zu gedeihen, braucht sie ein goldenes Klima, sonst erstickt sie.

Ist sie aber gediehen, so steht sie nicht erstarrt auf einem Sockel, sondern ist unterwegs *inmitten der Völker.* Auch erwartet sie nicht, dass der Mensch sie aufsucht in einem Justizpalast, begleitet von unglaublichen Kosten, sondern sie begibt sich *unter die Dächer der Menschen.* Wie der palästinische Immanuel bildet die römische Justitia die Menschen dort, wo sie sind. Gerechtigkeit dient der Menschwerdung des Menschen, nicht der Mensch soll irgendeiner ideologisch geborenen und erhöhten Justiz dienen.

Früher hätte man von *Herzensbildung* gesprochen: Wer die Justitia oder den Immanuel als Bildner hatte, erkennt *Raserei* und *Zwietracht,* kann *gierige Hoffnung* von echter Erwartung unterscheiden und *unzuverlässige Winde* vom Heiligen Geist, ist dankbar für die *Früchte* der Erde und braucht keine *Grenzsteine,* um Besitz zu markieren.

Weihnachten ist immer beides: Erinnerung an eine goldene Zeit und Verheissung einer goldenen Zeit. Gottes Gerechtigkeit kommt zur Welt, damit der Mensch Mensch wird.

Bist du fern, bin ich weh.
Eisen ohne Bügel
und Schnee ohne Mann.
Dem See fehlt das Ufer,
und Echo sucht Rufer.
Was fange ich bloss ohne dich an?

Astrid Stiller, Katzengold, 2014.

ANFANG UND SCHLUSS KÄMEN OHNE DIE MITTE AUS. Hintereinander gelesen ergeben die Zeilen Sinn. Ein Ich braucht ein Du. Erst zusammen sind sie ganz. Fehlt das Du, so ist das Ich verletzt. Ist das Eine fern, so verliert das Andere seinen Lebenssinn. Weder Kreis noch Kugel ist dieses Wesen dann, sondern Fragment und Torso. Nicht vollkommen, sondern unfertig. Was fehlt, macht aus beiden, dem Ich wie dem Du, offene Wunden. Erst wenn zwei eins sind, ist das Eine ganz und nicht allein. Allein kann nicht sein, denn es ist Abwesenheit und Ausgeliefertsein. Woran? An nichts.

Wie nichtig dieses Nichts ist, zeigen die vier Bildpaare in der Mitte. Sie machen anschaulich und vorstellbar, wie absurd und undenkbar Alleinsein ist. Die beiden ersten Paare spielen mit der Möglichkeit der deutschen Sprache, Wörter zusammensetzen zu können. Sie wirken noch eher komisch und surrealistisch. *Eisen* und *Bügel* sind je für sich ja denkbar und je für sich ja ebenso sinnvoll wie *Schnee* und *Mann*: Eisen lässt sich ganz verschieden schmieden, und auf Bügel hängt man seinen Sakko. Schnee bedeckt ganz unterschiedlich die Wiesen, und das Mädchen hofft auf einen Mann. Es gibt genügend Kontexte, in denen diese vier Wörter je für sich sinnvoll sind. Anders natürlich beim *Bügeleisen* und beim *Schneemann.* Die sind speziell. Hier haben sich Materialien funktional zu Instrumenten, zu etwas Neuem gebunden. Mit dem einen wird Ordnung hergestellt, und das andere dient dem Vergnügen. Nimmt man die Wörter auseinander, so verlieren sie ihren funktionalen Sinn. Was hier eine Ganzheit war, ist funktional gestimmt. Funktion *macht* ganz. Sonst bleiben *Teile.*

Anders die zweiten Paare. Hier werden keine Zusammensetzungen dysfunktional gemacht. Der *See* bleibt See, und das *Echo* bleibt Echo. Es braucht nicht erst die Wortkombinationen *Seeufer* oder *Ruferecho*, um die beiden Einzelwörter zu verstehen. Jeder weiss, dass das Echo eine Wirkung ist, *causa secunda*, die es nicht gäbe, wenn keiner riefe. Und jeder weiss, dass das Ufer eine Ursache ist, *causa prima*, ohne die Wasser nicht stehen bliebe und einen See bildete. Hier kann man nichts auseinandernehmen. Ursache und Wirkung sind unlösbar verbunden. Kausalität ist unaufhebbar. Diese Paare wirken auch nicht komisch, sondern unlogisch. Es sind Naturgesetze, in diesem Fall physikalisch notwendige Vorgänge. Einen See gibt es ohne Ufer so wenig wie ein Echo ohne Rufer. Kausalität *ist* ganz. Sonst ist *nichts.*

Was also ist Alleinsein? In diesem Gedicht steigernd eine lächerliche Dysfunktionalität oder das reine Nichts. Entweder lebt nicht gut und richtig, wer allein ist, oder er ist bereits tot, obwohl er vielleicht noch lebt.

Die rhetorische Frage erhält zwei Antworten: Ohne sein Du kann ein Ich entweder wenig anfangen oder *nichts*. Die biblische Urgeschichte von der ersten Frau und dem ersten Mann liegt auf der Linie der zweiten Antwort. Zweimal flicht sie einen *mashal* ein, ein Sprichwort, eine weisheitliche Sentenz: *Es ist nicht gut, dass der Mensch allein ist.* (Gen 2,18) Der Schöpfer sagt dies zu sich selbst und macht sich daran, dem Einen ein gleiches Anderes zu schaffen, als Gegenstück und Pendant. *Ein Mann verlässt seinen Vater und seine Mutter und hängt an seiner Frau, und sie werden ein Fleisch.* (Gen 2,24) Diese Einsicht hat der erste Mensch und macht sich daran, den Akt des Einswerdens von Frau und Mann zu vollziehen und so *ein* Wesen zu werden.

Heute sind beide Antworten plausibel. Einssein zu zweit hat kein Monopol mehr im Vollzug der Ehe. Es ist längst ohne sie möglich. Auch Alleinsein ist möglich. Aber die Sehnsucht, gelegentlich ein *See* zu sein oder ein *Echo*, ist geblieben.

29

Noch immer hat ein Ochse
seinen Besitzer gekannt
und ein Esel den Futtertrog
seines Herrn.

Bibel, Jesaja 1,3a, hebräisch 750–730 v. Chr.

VOLKSWEISHEIT IST DIES, gewonnen aus Erfahrungswissen und Naturbeobachtung, verdichtet in einem zweiteiligen Spruch. Ein *Mashal* ist dies, geeignet für die Unterweisung der Nachwachsenden, mit einem Parallelismus zur Merkbarkeit. Wer die Gesetzmässigkeiten der Natur erkennt, ihre Abläufe, der ist dem Schöpfer nahe, der eine gerechte Weltordnung in seine Schöpfung gelegt hat. Wer derlei erkennt, ist aufgehoben im tieferen oder höheren Sinn, je nach Standpunkt. Gerechtigkeit ist in diesem Fall mehr als *Recht und Gesetz*, mehr als *law and order*, mehr als *ius et mos*. Diese Gerechtigkeit ist Gottes zuverlässiger Atem in allem, was lebt. *Alles, was Odem hat, lobe den Herrn!*

Auch *Odem* ist wohl mehr als *Atem*. Das moderne, sachliche Wort soll physiologisch gelten, klar! Aber ebenso klar ist, dass nicht alles, was atmet, auch Odem hat. Das alte, poetische Wort bezeichnet ein existenzielles Mehr gegenüber der reinen Funktion: das Dazugehören zur grossen Schöpfung, das Eingewobensein ins grosse Netz des Lebendigen, den eigenen Ton in der grossen Symphonie der Weltordnung. Odem ist weisheitliches Erfahrungswissen, dem bewusst ist, dass Atem oft nicht genügt. Odem ist Inspiriertheit durch das Unverfügbare und Vorgegebene, das bleibt, wenn der eigene Schnauf ausgeht. Odem ist Instinkt, der Fingerabdruck des Schöpfers auf jedem Geschöpf, der existenzielle Code auch in Ochs und Esel.

Der alte Prophet bedient sich des bekannten Sprichworts, um zu mahnen. Er fügt ihm das aktuelle Gegenstück bei (Jes 1,3b): *Israel hat nichts erkannt, / uneinsichtig ist mein Volk*. Das steigert sich bis hin zum Volk, das *mit seinen Augen nicht sieht und mit seinen Ohren nicht hört* (Jes 6,10), obwohl sie *immerzu hören* und *immerzu sehen* (Jes 6,9). Atem ist da, ja, aber kein Odem. Die Funktionalität ist gewährleistet, gewiss, die Spiritualität aber ist gewichen. Wie zuletzt auch der Atem weicht: Die odemlos geworden sind, sind tot, bevor sie atemlos werden. Das passiert nicht nur Israel, sondern alle Jahre wieder und über alle Zeiten hinweg. Was die Alten schon wussten: Es passiert jenem Tier, das sich selbst *Mensch* nennt, nicht aber den anderen, die der Mensch *Tiere* nennt. Der Mensch ist das einzige Tier, das sich ausserhalb der Schöpfungsordnung katapultieren, seinen Instinkt abschaffen, sich odemlos machen kann.

Warum? Weil der Mensch sich selbstreferenziell und bezugslos denken kann. Aus sich, durch sich, für sich. Besitzerlos und herrenlos. Frei. Unbezogene Freiheit atmet aber nicht ewig. Odemlos ist sie seit eh und je. Odem ist, was keine Herz-Lungen-Maschine schafft. Odem ist, was Gott dem Geschöpf einhaucht und was daher überdauert. Kein Wesen kann sich Odem jemals selbst einhauchen.

Nicht die Bibel, aber die christliche Tradition hat *Ochs und Esel* ins Weihnachtsbild integriert. Sie stehen stellvertretend für die geschöpflichen, die gottbeseelten, die inspirierten Wesen der Welt. Sie schauen zu, wie Gott Mensch wird, und wissen, wozu er das macht: damit jenes Tier, das sich zwar *Mensch* nennt, aber so oft weniger ist als jene, die er *Tiere* nennt, nämlich odemlos, auch wirklich wieder Mensch wird. Ein Wesen, das nicht nur atmet, wie ein Neugeborenes, sondern auch Gottes Odem in sich hat. *Alle Jahre wieder* lohnt sich diese Erinnerung. Anstelle der Instinktlosigkeiten der Bestie Mensch, anstelle der Selbstzerstörung in der Referenzlosigkeit, anstelle des Herausfallens aus der existenziellen Ordnung des Seins. Wer die Weihnacht versteht, wie Ochs und Esel das können, wird niemals odemlos werden, selbst dann nicht, wenn er atemlos wird.

30

> Wenigstens konnte er sagen: Sie bleiben meine Freunde. Sie bieten mir ein Dach über dem Kopf und spenden mir im Sommer Schatten. Sie schützen mich vor dem Wind. Die Bücher sind mein Haus. Das konnte ihm niemand nehmen, auch wenn seine Lebensumstände das rudimentärste Niveau erreicht hatten und er auf einem abgelegenen, einsamen Strand gelandet war, weil er die erhabenste Dimension des Buches kennenlernen durfte.
>
> *Carlos María Domínguez, Das Papierhaus, spanisch 2002.*

EINE NOVELLE, DIE GOETHES ANFORDERUNG, *eine sich ereignete, unerhörte Begebenheit* zu schildern, glänzend erfüllt. Was ist ihr Plot?

Eine Anglistin hatte gerade ein rares Buch erstanden, als sie beim Lesen des zweiten Gedichts überfahren wurde. In der Grabrede der Universität Cambridge hiess es denn auch: *Bluma hat ihr Leben der Literatur geweiht, ohne sich vorzustellen, dass sie durch diese ums Leben kommen würde.* Ein Freund findet später ein Buch, das ihr kommentarlos aus Uruguay geschickt worden ist. Es ist mit Zement verklebt. Er sucht in ihrer Wohnung nach Spuren und stösst auf einen Kongress in México. Er reist nach Südamerika.

Das Buch führt ihn nach Montevideo zu einem passionierten Leser. In intellektuellen Kreisen ist er bekannt, doch sei er seit einiger Zeit verschwunden. Ein Freund erzählt, was er weiss. Er habe eine gute Stelle im Aussenministerium gehabt und mit Lesen seine Freizeit verbracht. Früh sei er pensioniert worden. In jedem Zimmer hätten sich Bücher gestapelt. Die Wohnung eines Besessenen. Über zwanzigtausend hätten ihn umgeben. Er habe sie wie Personen behandelt und nur die nebeneinander ins Regal gestellt, die irgendeine Beziehung zueinander hätten. So habe er einen speziellen Katalog entwickelt. Weil er dazu übergegangen sei, Autoren der Romantik bei Kerzenlicht zu lesen, habe es einen Brand gegeben. Allerdings sei nur der Katalog vernichtet worden. In México, wo er zur Erholung einen Kongress besuchte, habe ihm eine Engländerin ein Buch geliehen. Wieder in Montevideo, habe er sein Haus verkauft, weil seine geschiedene Frau Geld forderte, und sei mit allen Büchern an einen einsamen Strand gezogen. Dort habe er einen Maurer beauftragt, aus seiner Bibliothek ein Haus zu bauen, und er habe genau angegeben, welche Bücher nebeneinander zu vermauern seien.

Keine Frau mehr, kein Katalog mehr, kein Haus mehr. Nur noch Bücher, deren Persönlichkeiten er kennt, jede für sich. Nur noch eine Obsession. Ein letztes Mal bringt er Ordnung in seine Welt. Er lässt zementieren, was er weiss, erstarren, was ihn bewegt hat, fixieren, was nicht wie alles andere zerfliessen soll. Nun sind die Bücher sein Haus. *Die erhabenste Dimension des Buches* nennt dies der Autor. Gewiss ironisch, weil das Haus sich über dem Strand *erhebt*, wohl auch tiefsinnig, weil das Buch *dreidimensional* zur Welt wird.

Was sich in seiner Vorstellung einstellt, während er liest: die Welt des Romans als andere Welt hinter seinen Augen, tritt nun als reale Welt vor seine Augen: das Buch, das bleibt, während sich das wirkliche Leben am einsamen Strand verflüchtigt wie Sand und Wind in Sonne und Wasser. Zwanzigtausendfach ist er in anderes Leben eingetaucht, und nun birgt es ihn in seiner Verlassenheit und in seinem Niedergang.

Doch auch dies ist nicht das Letzte. Selbst *die erhabenste Dimension* hat kein Bleiben. Ein Brief aus Cambridge erreichte ihn am Strand. Die Kollegin vom Kongress in México forderte ihr geliehenes Buch zurück. Eingemauert, wie es war, konnte er es nicht greifen. Und weil er diese Persönlichkeit nur flüchtig kannte, wusste er nicht mehr, neben wem es vermauert war. So riss er sein letztes Haus ein, bis er das geliehene Buch fand und, zementverschmiert zwar, doch noch zurückschicken konnte. Seither ist er verschollen.

Was bleibt vom Lesen? Dasselbe, was Faust auf die Gretchenfrage nach der Religion antwortet? *Gefühl ist alles. Name ist Schall und Rauch.* Jede Welt zerbricht. Keine bleibt. Ob Gefühle, die bleiben, wenn das Buch, das sie schenkte, längst vergessen ist, seine erhabenste Dimension sind? Ob auch die Bibel ein solches Buch ist? Eine Obsession?

Ich will über Glück schreiben, nein übers Herbstlaub, weil ich beim Herkommen meinen Schuh in so einen Haufen gestossen habe, um das Rascheln zu hören, und dabei dachte, Glück stecke in einem Haufen Herbstlaub und lasse sich mit einem Tritt hochwirbeln. Die bitterliche Würze, die dir in die Nase sticht, das Kristall Herbheit, und die Sinne öffnen sich wie dem köstlichsten Geheimnis. Und das trockene Rascheln, ein betörender Laut, der auch ein Stieben und Stäuben und das leiseste Knacken, ein Scherbeln und Bröckeln und Schnarchen enthält; und der Haufen Gold, die Farbe – Lohfarbe, getrocknetes Licht, Abfall der Sonne, Sonnenstaub … Ich dachte an das damalige Einatmen und das heutige Einatmen und fragte mich, ob ich den Herbst immer noch atmen kann wie eine Offenbarung, wie das Aufspringen einer anderen Welt hinter der unsrigen?

Paul Nizon,
Im Bauch des Wals, 1989.

GEHT MIR OFT SO. Da will ich über etwas Bestimmtes schreiben und merke, dass es viel unbestimmter ist, als ich dachte. Da habe ich eine ganz bestimmte Vorstellung im Kopf, doch wenn ich sie abrufen will, bleibt sie wortlos. In solchen Fällen werde ich immer wieder mal von mir selbst verführt, in Bildern, die sich plötzlich einstellen, von dem zu denken, was sich als fixe Vorstellung dem Wort verweigert.

Glück ist so ein Thema. Keine Frage, dass es Glück gibt, wie es Unglück gibt. Doch wie vom Glück reden, ohne in den Kitsch mancher Romanverfilmungen zu verfallen? Wie davon schreiben, ohne die Bonbonfarben unerreichbarer Schlaraffenländer zu bemühen? Vom Unglück zu reden, fällt viel leichter. Ein Blick in die Zeitung, ein Ohr für die Hauptnachrichten, eine Erinnerung an die Familiengeschichte, schon sind Beispiele für das Unglück zur Hand. Und stehen noch dazu viel weniger in der Gefahr, seicht zu sein. Paul Nizon, wie ein Jona *drei Tage und drei Nächte lang* inkubiert *im Bauch des Fisches*, Nizon, wie der ungläubige Prophet festgesetzt in einer unfreiwilligen Retraite, springt unvermittelt vom kaum beschreiblichen Glück ins gut beschreibliche Herbstlaub.

Geht mir noch heute ähnlich: Wenn nach dem ersten Herbststurm Laub die Wege bedeckt, empfinde ich es als Unglück, dass in der Stadt sofort alles weggeblasen, gesammelt, entsorgt wird. Als Glück hingegen, wenn ich hindurchschlurfen kann, dass die Blätter rauschend zur Seite stieben, riechen kann, wie Düfte von Pilz und Moder mich umhüllen, ahnen, dass im Farbzauber des Vergehens nichts vergeblich ist. Das Gold des Herbsts wird auf die Wiesen des Frühlings zurückkehren. Moder wird zur Mutter neuen Lebens, und im Humor des Herbstes stecken die Säfte des neuen Humus. Der Showdown des Laubwalds ist ein Erlebnis für alle Sinne, das Stretto einer grossartigen Symphonie, eine Orgie der Natur.

Glück! Ausgerechnet der Herbst? Die Vergänglichkeit! Und gar noch religiös? Immerhin kommen Nizon im Bauch des Wals religiös anmutende Wörter in den Sinn: Das Erleben des Herbstlaubs sei wie eine Öffnung für *das köstlichste Geheimnis*: für ein *sacramentum*? Das Einatmen in der Herbstluft *wie eine Offenbarung:* wie die *rúach* Gottes, sein Atem, den er dem Neugeborenen einhaucht? Der Herbst wie *das Aufspringen einer anderen Welt:* wie eine *Auferstehung*? Herbst als Glück im Unglück?

Der ungläubige Prophet lässt alles offen. Vom Glück so zu reden, dass die Rede nicht seicht wird, geht offenbar nur im Angesicht des Unglücks, das weder verschwiegen noch verklärt wird. Die *Würze* ist auch *bitterlich*, das *Licht* auch *getrocknet*. Das *Stieben und Stäuben* ist auch ein *Scherbeln und Bröckeln*. Wer beides sieht, dass das Schöne nie nur schön ist, sondern auch hässlich, und das Hässliche nie nur hässlich, sondern auch schön, der sieht das Glück. Der *pursuit of happiness*, das nach *life* und *liberty* dritte unverbrüchliche Recht, das der Schöpfer allen Menschen gegeben und der Staat deshalb zu verteidigen habe, wie es die amerikanische Unabhängigkeitserklärung verbürgt (1776), dieses Streben nach Glück beginnt im Herbst.

Ein Herr geht über die Strasse und zuckt plötzlich zusammen: Der dort ist doch der und der! Produziert ein begeistertes Lächeln und greift schon nach seinem Hut, um mit grossem Schwung zu grüssen. Aber da kehrt ihm der, den er für den und den gehalten hat, ein fremdes und etwas verwundertes Gesicht zu. In diesem Augenblick zögert die zum Hut strebende Hand plötzlich, ändert ihre Richtung und entschliesst sich zu irgendeiner unauffälligen Aktion, zum Beispiel zu dem Sich-hinter-dem-Ohr-Kratzen, wohingegen sich das begeisterte Lächeln in eine gleichgültige Grimasse verwandelt. (Was fällt Ihnen ein, Herr! Das hätte kein Gruss werden sollen!) (Na, eben! Ich kenne Sie doch gar nicht, Herr!)

Karel Čapek, Vom Menschen, tschechisch 1936.

HÜTE KOMMEN ZWAR WIEDER IN MODE, gelupft werden sie aber selten. Diese wortlose Sprache der Gestik, dass da einer seinen Kopf entblösst oder bedeckt, wird kaum mehr verstanden. Kein notwendiges Kleidungsstück ist er heute, der Hut, sondern ein *Accessoire* wie so viele andere Stücke. Ein *Hinzukommendes* und Weglassbares, kein Notwendiges. Beiwerk und Staffage, nichts Grundlegendes. Wie ebenfalls noch in der ersten Hälfte des letzten Jahrhunderts auch hierzulande das Kopftuch. Auch diese Aussage, wenn eine es anlegt oder abnimmt, wird nicht verstanden. Auch dieses Stück kehrt höchstens als Accessoire wieder. Nicht als *Investitur*, die es mal war, als *Einkleidung* in einen neuen Lebensabschnitt. Hüte und Kopftücher waren Investitionen ins Erwachsenwerden. Dann durfte und musste man sie tragen, wenn es in den öffentlichen Raum ging. Ein Dürfen für das Subjekt, das endlich zu den Erwachsenen gehören wollte. Ein Müssen für die Gesellschaft, die wortlos den Anstand gewahrt wissen wollte.

Wohl deshalb tun sich hierzulande manche schwer mit dem Schleier einer frommen Muslima oder mit dem Kaftan eines orthodoxen Juden. Tatsächlich, als Accessoires wirken sie heute eher ätzend. Sie sind aber kein schmückendes Beiwerk und keine demonstrative Staffage, auch kein Bekenntnis, nein, sie sind eine Investitur, ein Bekleidetwerden: Die *heiratsfähig* gewordene junge Frau bekommt den Schleier, der junge Mann den Kaftan. Sie werden eingekleidet für die Welt des Erwachsenseins. Schleier und Kaftan sind eine existenzielle Investition. Sie sprechen eine wortlose Sprache. Weil selten jemand derlei Sprache versteht, bleibt hierzulande unverstanden, was *kein* Accessoire ist, sondern eine Investitur.

Čapeks satirische Kalendergeschichte setzt voraus, dass, wer sie liest, ihre wortlose Mitteilung versteht. Der Hut zeigt, wenn er gelupft wird, eine Ehrerbietung. Verbunden mit einem Lächeln und dem Schwung der rechten Hand beim Abnehmen und dem Nicken des Kopfs, wenn der Hut nicht mehr drauf ist, erweist der gelupfte Hut eine Reverenz, eine Anerkennung, einen Vertrauensvorschuss. Der Grüssende gibt sich eine Blösse, um dem Gegrüssten die Ehre zu geben. Ein Müssen in der Welt des Anstands. Dumm nur, wenn es sich wie hier um eine Verwechslung handelt. Grund genug für Komödie und Satire. Wer im Begriff war, hoch hinaus zu wollen, läuft Gefahr, jäh zu stürzen. Der Herr, von dem die Rede ist, bemerkt es gerade noch und flüchtet sich in eine unauffällige Geste, während sein Lächeln zur Grimasse gerinnt. Herrlich, diese Schrecksekunde zwischen Pathos und Komos.

Herrlich, der wortlose Dialog im Nachgang: Besorgt, seine Leser könnten nicht verstehen, setzt Čapek ihn in Klammern. Heute völlig zu Recht. Unsere Welt, die zunehmend aus Accessoires und Dekor besteht, aus Beiwerk und Staffage, aus Slogans und Sprüchen, aus Plastik und Elastan, versteht die wortlosen Sprachen der Investituren nicht.

Wer früher ein Gotteshaus betrat, nahm selbstverständlich seinen Hut vom Kopf. Wem, wenn nicht der Gottheit, war Ehre zu erweisen! Wem, wenn *ihr* nicht mehr, kommt heute diese Geste zu? Könnte es sein, dass der Schleier der Muslima und der Kaftan des Juden heute an eine verlorene Sprache erinnern? An Investituren, bei deren Leerstellen die vielbeschworene Toleranz nur eine notdürftige Wache hält?

Das andere Leben

Schlüpf, erwärmte Seele,
unter den Balg, ins Holz,
unter den Schnee,
atme den Atem
der schon Verlorenen,
nimm auf,
was verworfen wurde,
belebe den Staub,
die gedörrten Gedanken,
niste dich ein
im Kiesel, im Fels,
in der wartenden Leblosigkeit,
ein erinnernder Kern,
der das Kind ruft
und den Greis,
der die Liebe häutet
bis ans Herz,
der die Wörter wendet
und den Horizont sprengt:
mein Gefängnis,
meine Geschichte.
Brich auf, erwärmte Seele.

Peter Härtling,
Sätze von Liebe, 1972–1997.

GESEHEN HAT SIE NOCH KEINER, doch kennen will sie jeder. Bewiesen hat sie niemand, doch verstehen wollen sie alle. Verdrängen müssen sie viele, doch loswerden kann sie kein Mensch. Die Seele. Das unbekannte Wesen, das jeder kennt. Die Seele. Der Dichter Härtling kennt sie, wenn sie *erwärmt* ist. Eine kalte Seele wäre demzufolge unkenntlich. Vielleicht gibt es sie nur bei 37 Grad. Nur bei leicht erhöhter Temperatur macht sie sich bemerkbar. Dann wird einem warm ums Herz. Nicht dass es kalte Seelen nicht gibt, sie sind nur unkenntlich. Eine seelenlose Stadt und eine seelenlose Landschaft machen innerlich kalt. Man friert von innen her. Nichts mehr geht *ans Herz*. Kalte Seelen sind es, die eine seelenlose Welt beseelen. Ob sie sich erwärmen lassen?

Härtling scheint dies anzunehmen. Er spricht zu einer Seele, in der Hoffnung, sie möge, falls sie erwärmt ist, ihn dichten hören. Er ermuntert sie, drängelt und bittet. Als ob er zu einem Insekt spräche, einem Schmetterling, bevor er entpuppt und sichtbar ist. *Schlüpfen* möge die Seele wie eine Raupe aus dem Ei, vorerst aber nur, um geschützt zu überwintern. *Atmen* möge sie wie die umherziehende Raupe, vorerst aber nur, um das Verschnaufen des Vergänglichen aufzunehmen. *Einnisten* möge sie sich wie die fette Raupe in ihrem Kokon, vorerst aber nur, um in der Erinnerung zu warten. *Aufbrechen* möge sie wie der Schmetterling aus seiner Puppe, um schliesslich in *ein anderes Leben* zu fliegen. Die Seele in ihrer Metamorphose.

Ein Gedicht des Überwinterns ist dies. Die winzige Seele behält ihre 37 Grad. Um sie herum die Welt der kalten Seelen, die seelenlose Welt eisstarrenden Winters. Das Bild einer leisen Metamorphose ist dies, in der das Entscheidende im Kleinen und durch Erinnerung geschieht: Sie verbindet den *Greis*, der noch weiss, mit dem *Kind*, das schon weiss. Sie *häutet* alte Liebe zu neuer *Liebe,* indem sie *ans Herz* geht und es befreit von seinen Verkrustungen. Sie *wendet die Wörter,* indem sie neue Wendungen ermöglicht, die den Horizont der alten Festlegungen sprengen und *anderes Leben* sichtbar machen. *Gefängnisse* lösen sich auf, Biografien wenden sich.

Ein Gedicht des Auferstehens ist dies. Nichts geht verloren. Kalte Seelen eignen sich für Dung. Auch gut. Erwärmte Seelen aber eignen sich für Metamorphosen. Im Frühling schlüpfen sie und brechen auf. Flattern davon und beseelen die Welt. Beflügeln alle, die ein Auge haben für ihre kleine Pracht, und beleben alle, die Sinn haben für den schönen Augenblick. Das Winzige steht plötzlich für das andere Leben, der Moment für den Äon, das Unspektakuläre für das Mysterium.

Le Papillon. Stendhal verstand darunter nicht nur den *Schmetterling,* sondern etymologisierend auch das Lesezeichen, *une feuille de papier jointe à un livre, un texte:* ein Blatt Papier, das *Papierlein,* zur Erinnerung eingelegt in ein Buch, zur Wiederauffindung einem Text beigelegt. Der Zettel mit den neuen Wörtern? Härtlings Gedicht? Lateinisch bedeutet *papilio* zunächst nur *Schmetterling,* später auch *Zelt.* Als ob uns dieses Ei, diese Made, dieser Wurm, diese Puppe, dieser Sommervogel etwas zu sagen hätten über Geborgenheit. Über eine, die erst noch kommt. Als ob erwärmte Seelen der Auferstehung fähig wären, bestimmt für eine bunte, schwebende, federleichte Bergung im ganz anderen.

Ich bin ein alter Gallier: ich lobe mir viele Herren, viele Gesetze, alle in trefflichem Einvernehmen und jeder für sich. Glaube, so du willst, und lass mich glauben oder nicht glauben, wie und was ich will. Und zuvörderst, lieber Freund, rühre nicht an die Götter. Es gibt gar viele, es regnet förmlich Götter; von oben, von unten kommen sie, auf unsere Nase herab, unter unseren Füssen herfür, die Welt ist voll davon gleich einer trächtigen Sau. Ich ehre sie insgesamt, und ich ermächtige euch, mir ihrer noch mehr zu bringen. Indes, ich rate euch, mir nicht einen einzigen fortzunehmen, noch mich drängen zu wollen, ihn abzuschaffen; es sei denn, der Schelm hätt meine Leichtgläubigkeit zu arg auf die Probe gestellt.

Romain Rolland, Meister Breugnon, französisch 1919.

DAS *NOLI ME TANGERE*, das von Jesus überliefert ist, jenes *Rührmichnichtan,* das er nach seiner Auferstehung zu Maria Magdalena gesagt haben soll (Joh 20,17), *noli me tangere,* das inzwischen auch eine Pflanze ist, das *Grosse Springkraut,* das bei Berührung seine Samen weit von sich schiesst, hier ist es für alle *Götter* reklamiert: *Zuvörderst, lieber Freund, rühre nicht an die Götter.* Die Kernaussage dieser überraschenden Selbstvorstellung ist bei aller Toleranz auch eine heftige Warnung: *Noli deos tangere*! Rühre das *Pandämonium* nicht an! Verdirb es nicht mit der Schar jenseitiger Wesen! Für deren Menge und Fruchtbarkeit, für deren nie versiegende Quelle, für deren dionysische Dauerbrunst steht hier, burgundisch-rustikal und ländlich-derb: die *trächtige Sau*. Sie nährt wie jede Sau ihren Bauern, und niemals würde er sich an ihr vergreifen. Die Metapher sitzt.

Breugnon, der Held in Rollands gleichnamigem Roman, seines Zeichens Schreinermeister und Holzbildhauer, erzählt um 1620 gut fünfzigjährig ein Jahr lang die Begebenheiten seines Lebens. Darunter der Besuch beim katholischen Pfarrer von Brèves, nachdem er vorher beim aufgeklärten Paillard zu Gast war, dem Notar von Dornecy. Das alles spielt im Burgundischen zwischen Clamecy und Vézelay. Wer die Gegenden kennt und liebt, hat sie beim Lesen stets lächelnd vor Augen.

Breugnon erzählt *nach* den sieben Hugenottenkriegen und dem Toleranzedikt von Nantes (1598) und *vor* dessen teilweiser Rücknahme durch Kardinal Richelieu im Frieden von Alès (1629). Von seinen vier Söhnen hält es einer mit den Katholiken und ein anderer mit den Hugenotten. Selbst kann es Breugnon mit allen, denn bei ihm, sagt er, sei *alles wohlgeordnet und mit einer Aufschrift versehen an seinem Platz: der liebe Gott in der Kirche, die Heiligen in ihren Kapellen, die Feen auf den Feldern und die Vernunft hinter meiner Stirn. Sie kommen sehr gut miteinander aus.* Warum? Sie seien eben alle *keinerlei despotischem König untertan, sondern gleichwie die Herren von Bern und ihre Eidgenossen bilden sie Kantone, so unter sich vereinigt sind.* Breugnon hat sein Denken kantonalisiert, und nun kommt es nur noch darauf an, dass die Geister gefälligst ihre Territorien nicht verlassen ...

Vielleicht ist Rollands *Breugnon* aber auch kein anderer als Monsieur *Galle* im Jahr 1919: Tausend Jahre Christentum konnten die Barbarei des Ersten Weltkriegs nicht verhindern, dreihundert Jahre Vernunft ebenso wenig. Die kantonale Notlösung des *suum cuique,* jenes *glaube, so du willst,* aber bitte in deinem Kanton, hat gründlich versagt. Wer hingegen immer noch da ist und triumphiert, ist die trächtige Sau. Sie hat alle konfessionellen Sturmfluten unbeschadet überlebt. Der Pfarrer von Brèves berichtet geknickt und wütend, wie seine geliebten Pfarrkinder ihn fortlaufend zwingen, den *Feen der Felder* zu huldigen und die Dämonen der Fluren zu beruhigen. Unter dem fadenscheinigen Schleier römischen Christentums tummeln sich gierig und frech die Geister der Heiden. 1620 frecher denn je, 1919 frecher denn je, 2015 frecher denn je. Was ist schon, denke ich mir, *Leichtgläubigkeit* angesichts der *trächtigen Sau* gegen jene Leichtgläubigkeit der Vernunft, die da allen Ernstes glaubte, mit der *laïcité en France* die vielen Ferkel wegkantonalisiert zu haben?

Still others try to work for the money they are given: the blind pencil sellers, the winos who wash the windshield of your car. Some tell stories, usually tragic accounts of their own lives, as if to give their benefactors something for their kindness – even if only words.

Wieder andere versuchen, für das Geld zu arbeiten, das ihnen gegeben wird: die blinden Bleistiftverkäufer, die Weinsäufer, die dir die Windschutzscheibe deines Autos waschen. Einige erzählen Geschichten, gewöhnlich tragische Begebenheiten ihres eigenen Lebens, als wollten sie ihren Wohltätern etwas geben für deren Freundlichkeit – und wenn es nur Wörter sind.

Paul Auster, City of Glass, amerikanisch 1985.

FÜR NICHTS GIBT ES NICHTS. Von nichts kommt nichts. Seit Kindertagen bekannt sind diese Sprüche. Zwei Varianten desselben: Wer arbeitet, hat zu essen. Wer nicht arbeitet, hungert. Steht es so nicht schon in der Bibel? *Wer nicht arbeiten will, soll auch nicht essen.* (2Thess 3,10) In einem Abschnitt mit dem Zwischentitel *Die sich an keine Ordnung halten* (2Thess 3,6–16). Recht so, sagt sich der Gemeinsinn.

Paul Auster unterbricht im ersten Band seiner Trilogie die Erzählung und beschreibt auf drei Seiten jene, die sich an keine Ordnung halten: die Müssiggänger New Yorks. Sie sind nur auf den ersten Blick alle gleich, und nur diejenigen, die stets auf den ersten Blick alles erfasst haben, können alle Müssiggänger in jene Schublade tun, auf der dann die bekannten Unwörter stehen: *Pack, Abschaum, Gesindel.* Wer erfahren hat, dass der erste Blick trügt, schaut länger zu und genauer hin. Dann stellt er fest, dass diese müssiger gehen als jene und jene ordentlicher als diese. Die Subkultur New Yorks hat ihre Hierarchie wie die Kultur New Yorks. Den *gradus ad parnassum* korrespondieren die *gradus ad infernum*. Es lohnt sich, sagt Auster, genauer hinzusehen. Bevor jene kommen, die zwar eine unverlierbare Würde haben, für diese selbst aber nichts mehr tun können, bei Dante die im untersten Kreis, kommen jene, die sich ihrer Würde noch bewusst sind und, wenn sie schon betteln, so doch etwas für das Erbettelte leisten wollen. Arbeit, die heiligt. Selbst dann noch, wenn niemand mehr Heiliges in ihr erkennt. *Bleistifte verkaufen. Windschutzscheiben waschen.*

Die dritte der genannten Arbeiten, die der Gabe entsprechen soll, überrascht: *Einige erzählen Geschichten, gewöhnlich tragische Begebenheiten ihres eigenen Lebens.* Lebensgeschichten als Gegenleistung für Freundlichkeit? Leben gegen Barmherzigkeit? Existenzielles für ein Almosen? Der Gebende könnte doch auch umsonst freundlich sein, sagt sich der Gemeinsinn, zumal in einer der teuersten Städte der Welt. Der Nehmende könnte sich doch auch beschenken lassen, gerade dort, wo sonst keiner was verschenkt.

Wir hören nämlich von einigen unter euch, dass sie ohne Ordnung leben; sie arbeiten nicht, sondern treiben unnütze Dinge (2Thess 3,11) Die Fortsetzung des Bibelzitats beantwortet die Fragen: Sie setzt Unordnung, Müssiggang und Nutzlosigkeit gleich. Das aber, finde ich, sollte sie nicht tun. Lebensgeschichten sind niemals nutzlos. Immer enthalten sie Existenzielles. Keine Existenz ist nutzlos. Immer kann sie etwas. Und wäre es nur, *tragische Begebenheiten ihres eigenen Lebens* zu erzählen. Mit dem eigenen Dasein dafür einzustehen, dass Existenz nicht nutzlos ist, dass nicht einmal Müssiggang und Unordnung nutzlos sind. Erzählen gegen die Behauptung der Nutzlosigkeit, in diesem Fall gar gegen einen Bibelspruch. Im Erzählen arbeiten und im Arbeiten sich heiligen. Freundlichkeit nicht mit Nutzlosigkeit beantworten, sondern mit nützlichen *Begebenheiten,* und seien sie auf den ersten Blick trivial.

Was, wenn der Spruch des zweiten Thessalonicherbriefs lauten würde: *Wer nicht erzählen will, soll auch nicht essen!?* Was, wenn wir einander, ob Habenichts oder Bonvivant, ob Tunichtgut oder Superstar, unsere Lebensgeschichten schuldig wären? Was, wenn Erzählen Würde erkennen liesse?

Ob es nun Götter gibt oder nicht, wir sind ihre Knechte.

Fernando Pessoa, Das Buch der Unruhe, portugiesisch 1913–34.

PESSOA WAR EINE DENKWÜRDIGE FIGUR, seiner eigenen Zeit unbekannt, seiner Nachwelt der portugiesische Autor schlechthin. Etwa zwanzig Jahre lang lebte er ein unauffälliges Leben in der *Rua dos Douradores* in Lissabon. Ein Kontorist mit Ärmelschonern, der sorgfältig die Bücher seiner Firma führte, akribisch und pedantisch. Der ebenso penibel, ebenso zwanghaft, ebenso unbestechlich seine Umgebung beobachtete. Ein Buchhalter der Wirklichkeit. Von der Stubenfliege, die sich immer wieder auf die Tinte setzte, bis zu den Göttern, denen er nicht entkam, konnte alles zum Thema von Zetteln werden. Er sammelte sie zwanzig Jahre lang und hinterliess über 24 000. Den Titel des Buchs, das ihm vorschwebte, hatte er selbst gewählt: *Livro do Desassossego.* Buch der *Unruhe,* des *Unbehagens,* des *Besorgtseins.* Aber erst 1982 erschien es, 47 Jahre nach seinem Tod und mit 481 Gedankengängen. Hier einer der ganz kurzen.

Pessoa führt die klassische Frage der Religionskritik ad absurdum. Sie war aufgekommen, nachdem man das Mittelalter als Zeit der Dunkelheit und die Aufklärung als Zeit der Erleuchtung beschrieben hatte. Aufklärung war nach Immanuel Kant *der Ausgang des Menschen aus seiner selbstverschuldeten Unmündigkeit* (1784). Der nachmittelalterliche, aufgeklärte und mündige Mensch befragt, was es gibt und nicht gibt. So auch Gott. Jean Paul schickt in seinem Roman *Siebenkäs* den toten Christus auf die Suche nach Gott (1796–1797). Die aufgeklärte Botschaft *vom Weltgebäude herab* und in den Worten von Christus ist erschütternd: *Ich ging durch die Welten, ich stieg in die Sonnen und flog mit den Milchstrassen durch die Wüsten des Himmels; aber es ist kein Gott. Ich stieg herab, soweit das Sein seine Schatten wirft, und schauete in den Abgrund und rief: «Vater, wo bist du?» aber ich hörte nur den ewigen Sturm, den niemand regiert, und der schimmernde Regenbogen aus Wesen stand ohne eine Sonne, die ihn schuf, über dem Abgrunde und tropfte hinunter. Und als ich aufblickte zur unermesslichen Welt nach dem göttlichen Auge, starrte sie mich mit einer leeren bodenlosen Augenhöhle an.* Die Religionskritik des 19. Jahrhunderts hat das verzweifelte *Er ist nicht!* Jean Pauls zu Friedrich Hegels trotzigem *Gott selbst ist tot!* (1803) verschärft.

Pessoa bezweifelt den Sinn, *so* nach Gott zu fragen, denn die Antwort wäre nur dann erheblich, wenn der Mensch durch sie kein Knecht mehr wäre. Da er aber so oder so ein Knecht bleibt, ist es unerheblich, so nach Gott zu fragen. Eine Antwort, die nichts ändert, führt ihre Frage ad absurdum. Das Projekt Aufklärung ist hier gescheitert. Der Mensch kann seine Unmündigkeit nicht verlassen. Knecht zu sein, ist bei Pessoa *condition humaine.* Im besten Fall hält er Buch. Tag für Tag. In der *Rua dos Douradores.*

Ausser er fragt ganz anders nach Gott. Nicht ontologisch im Blick auf Sein oder Nichtsein, sondern relational im Blick auf Beziehung oder Nichtbeziehung. Man kann Pessoas Sentenz auch von hinten nach vorn lesen. Also davon ausgehen, dass ein Knecht zu sein gegenüber Gott ein Status ist, der weder überwindbar noch unerträglich ist. Also unterstellen, dass Knecht zu sein im Blick auf die Gottesbeziehung nicht Schande ist, derer man sich entledigen müsse, sondern Ehre, derer man sich freuen dürfe. Also zu unterscheiden zwischen dem Status der Verknechtung, der in jedem Fall zu überwinden ist, weil er überwunden werden kann, denn es sind Menschen, die einander unterjochen, und dem Status des Knechtseins, der in einem einzigen Fall zu wahren ist, denn es ist gut, dass nur ein einziger Gott ist, und wahrlich höchst ungut, wenn sich irgendwelche Erleuchtete oder Verblendete zu Göttern aufschwingen. Ob es dies war, das der Buchhalter der Wirklichkeit sah? Jedenfalls fühlte er sich bezogen auf einen, der nicht Knecht ist. Dies machte ihn ungeheuer produktiv. Täglich in der *Strasse der Vergolder.*

Wir machen Zukunft.

Informatik & Mediamatik, Transparent, 2015.

HAUPTBAHNHOF ZÜRICH. In der grossen Halle findet ein Event statt. Eine *Leistungsschau*. Ich laufe täglich durch die Halle und könnte mich heute an diversen Stehtischen über die Leistungen und Angebote der *Informatik* informieren. Auch über die der *Mediamatik*, doch dieser Begriff ist mir noch gar nicht untergekommen. Ich bin allerdings auch nicht der Mensch für derlei Themen. Schon im Weggehen sticht mir der Slogan des Events ins Auge. Ich fotografiere ihn: *Wir machen Zukunft*.

Zukunft! Dass man sie beeinflussen könne, ist als Behauptung oft zu hören. Dass man für sie gewappnet sein solle, raten die Ratgeber. Dass man sie erforschen könne, wird von manchen behauptet. Aber machen? Als ob Zukunft ein Gemächt wäre, ein Machwerk, eine Machbarkeit. Als ob einer sie wie der Handwerker ein Stück Holz oder der Künstler einen Klumpen Ton bearbeiten könnte. Ein Objekt, das aus dem Formwillen von Subjekten hervorgeht. Im Feuer geschmiedet, durch den Hammer getrieben, mit der Axt gehauen. Massgeschneiderte Zukunft. Ist sie ein Konstrukt des Menschen, oder hat sie ein Eigenleben?

Machen! Hier sind Macher am Werk, signalisiert der Slogan. Aktivisten, Ingenieure, Praktiker. Jemand muss sie ja mal anpacken, die Zukunft. Ausweichen kann jeder. Den Kopf in den Sand stecken. Einen der drei Affen mimen. *Homo fabers* Enkel sind das, denke ich. Sie packen zu und fassen an, was andere entweder sich selbst oder irgendeiner numinosen Willkür überlassen. Hier kommt nichts, wie es kommt, sondern nur so, wie es kommen soll.

Wir! Wer sie wirklich sind, geht aus dem Slogan nicht hervor. Selbstbewusst sind sie jedenfalls. Eine verschworene Gruppe, eine Mannschaft, Helden. Weltmeisterlich unterwegs, die Welt zu meistern. Oder ist es der *pluralis maiestatis* höfischer Rede? Das Wir von Kaiser und Papst?

Zuoberst in der alten Bahnhofshalle, die noch aus der Zeit stammt, als Bahnhöfe die neuen Kathedralen des Fortschritts waren und die neue Mobilität das Heil der Welt, zuoberst lässt das Transparent auch durchscheinen, was die heimlichen Ängste der Postmoderne sind, wenn die Kathedralen des Glaubens sich leeren.

Die Angst, dass die *Zukunft* bedrohlich ist: Wann kommt die nächste Blase? Wohin mit den Flüchtlingen? Wer bezahlt die Renten? Wann kommt die Gewalt hierher? Wer wird Arbeit haben? Sorgenbarometer geben Auskunft über das *ranking* der Ängste. Zukunft enthält Unbekanntes. Sie steht nicht nur in des Menschen Hand. Er kann vieles, aber nicht alles. Auch Vergänglichkeit und Ungewissheit gehören zu ihr.

Die Angst, dass mit *Machen* nicht alles getan ist: Wann kommt die terminale Diagnose? Wer hält die Welterwärmung auf? Wie mit Depression umgehen? Wer besiegt die unbesiegbaren Seuchen? Was versichert die Lebensversicherung? Das Gewirkte und Wirkliche, die gestaltete Wirklichkeit, ist nicht das Ganze, und die Welt der Fakten erklärt nicht das Sein. Der *homo faber* leistet Enormes. Doch das Mögliche bleibt stets grösser als das Wirkliche.

Die Angst, dass das *Wir* nicht hält, was das Ich sich von ihm verspricht: Wer bin ich, wenn ich niemand mehr bin? Wer hebt mich auf, wenn ich stürze? Wer liebt mich in meiner Ohnmacht? Wem kann ich trauen? Zu viel Wir, ob individuell oder kollektiv, hat sich schon als tyrannisch und absolutistisch entpuppt und davongestohlen, wenn der letzte Spruch geklopft war.

Wir machen Zukunft. Der Slogan klingt mir nach wie das Pfeifen des Buben im dunklen Keller. In der S-Bahn habe ich ihn bereits vergessen.

Tja, das ist eben das Paradox mit Gott. Da ist einer weg, ist nicht da, aber trotzdem ganz nah bei uns. Wenn jemand nicht da ist, dann ist er vielleicht einfach das Ganze. Wenn jemand da ist, dann sieht man, dass sein Haaransatz zurückgeht oder er beim Reden lispelt. Wenn jemand da ist, dann sieht man halt die Bescherung. Deshalb ist Gott lieber nicht da. Dann kann er alles sein und selbst in seiner Abwesenheit anwesend sein.

Christoph Schlingensief, So schön wie hier kanns im Himmel gar nicht sein, 2010.

DAS ZWEITE SEINER DREI WEIHNACHTSWUNDER ist diese Einsicht über *das Paradox mit Gott.* Der Eintrag vom 27.12.08 ist der letzte im *Tagebuch einer Krebserkrankung,* in dem er, das ebenso verachtete wie gefeierte Enfant terrible der deutschen Theaterszene, sein vorletztes Lebensjahr 2008 beschreibt. Im August 2010 ist er gestorben.

Das erste *Weihnachtswunder* ist die Begegnung mit der Mutter am ersten Weihnachtstag. Neben ihr sitzend, den Kopf auf ihrer Schulter, seine Hand in der ihren: So weint er sich frei von der Last der vielen Jahre, in denen er sich anstrengte, *immer wieder Optimismus und Lebensfreude verbreiten zu wollen, dafür sorgen zu wollen, dass die Dinge schön sind,* vergeblich anstrengte und viel Kraft nutzlos an seine Eltern verschwendete, denen es *unverändert schlecht* ging. Nun, da es ihm schlecht geht, will er das nicht mehr. Eine *Beichte* nennt Schlingensief dies, das Wunder, *gereinigt* zu werden.
Das dritte ist die Verlobung mit seiner Freundin. Nun, da es ihm nicht gut geht und er am kommenden Tag einmal mehr in die Röhre muss. Für eine neue Diagnose, faktisch die letzte. Nicht aus Lebensschlusspanik verlobt er sich, nein, im Gegenteil: *Es geht hier nicht um Stunden und Tage und Monate, es geht hier um ein ganzes Leben. Und dieses ganze Leben, das ich jetzt mit Aino vor mir habe, wird wunderschön.*

Dazwischen das zweite *Weihnachtswunder*, das Wunder mit Gott, ausgelöst durch ein Telefongespräch mit seinem sehr alten Patenonkel. Gott, der *da* ist, indem er *weg* ist, der *anwesend* ist, indem er *abwesend* ist. Gott, der *das Ganze* ist, ebenso *paradox* wie *einfach.*

Welch ein Gottesbild! Gott als *das Ganze.* Das er nur sein kann, wenn er weg ist, während er, wenn er da ist, die Zeichen der Vergänglichkeit und Versehrbarkeit an sich hat wie sonst ein Mensch. Gott, der dann nicht ganz das Ganze ist. Schlingensief nennt das *die Bescherung*. Sein Krebs ist seine Bescherung. Ein angeborener Sprachfehler oder die natürliche Alterung sind die Bescherungen anderer. Ungeschoren kommt niemand davon. Jeder hat seine Bescherung. Auch Gott. *Bescheren* bedeutet *verhängen* oder *zuteilen*. Jeder Mensch hat seine Zuteilung, jeder sein Verhängnis. Auch Gott, wenn er Mensch wird, wie Menschen sind: alle Jahre wieder. Das Kreuz ist seine Bescherung. Gott als das Ganze ist *einfach* für sich, aber *paradox* für uns.

Welch eine Erkenntnis! Die Bescherung, die als deutscher Brauch zur Weihnacht gehört, beschert Schlingensief drei Wunder: Entlastung von Gewesenem, Einsicht ins Ganze, Hoffnung auf Leben. Was ihm bevorsteht, ahnt er. Die Röhre des kommenden Tags wird ihn zwar wieder freigeben, aber nur für *Stunden und Tage und Monate.* Für ihn wird es eine Frist sein. Und doch ahnt er auch, dass diese Frist mit Aino *ein ganzes Leben* sein kann, ein *wunderschönes* dazu. Es ist *das Ganze*, das sogar ein derart befristetes und versehrtes Leben, wie das Leben mit Krebs es nun mal ist, zum *ganzen Leben* machen kann, die Frist von zwanzig Monaten zur *wunderschönen* Zeit.

Schlingensief, das Enfant terrible der deutschen Theaterszene, ahnt, dass er die letzte Inszenierung nicht mehr in seiner Hand hat. Nachdem er Weihnachten 2008 *das Ganze* erkannt hat, lässt es ihn nicht mehr los. So endet sein letztes Buch: *Und dieses ganze Leben werde ich jetzt in der Röhre auf medizinische Art und Weise abhandeln, aber in mir und in Aino, in unserer ganzen Situation, wird es noch ganz anders seine Kraft entfalten. Davon bin ich fest überzeugt. Und jetzt fahren wir los.*

Tell all the Truth but
tell it slant –

Success in Circuit lies

Too bright for our
infirm Delight

The Truth's superb surprise

As Lightning to the Children
eased

With explanation kind

The Truth must dazzle
gradually

Or every man be blind –

Emily Dickinson,
Tell all the Truth,
amerikanisch 1868.

WAHRHEIT KANN TÖTEN. Sie kann direkt von vorn kommen. Pfeilgerade wie ein Torpedo. Als Schuss vor den Bug. Sie kann mich versenken. Kaum, dass ich zur Besinnung komme, was gerade passiert, saufe ich ab. Dann hat sie mich zwar erreicht, aber nichts erreicht bei mir. Ein Pyrrhussieg. Gewonnen und zerronnen. – Die zarte und zerbrechliche Dichterin empfiehlt den Umweg, sich *kreisend* heranzutasten an die *schräge* Mitteilung der Wahrheit. Warum? Klar, sie will den *Erfolg* der Wahrheit bei mir, nicht meinen Untergang. Sie will aber auch eine Aussage über die Wahrheit machen, vermute ich: Weil Wahrheit mehr ist als eine gradlinige Richtigkeit, die man anderen um die Ohren schlagen kann. Das geschieht leider nur allzu oft: die Verwechslung von Richtigkeit mit Wahrheit und von Rechthaberei mit Wahrnehmung. Wahrheit will von mir erkannt werden. Deshalb ihre Schräge. Sie wirbt um mich, damit ich sie wahrnehme und wahrhabe. Wie ein Vogel, der seinen Kopf herrlich schräg hält, wenn er mich beäugt. Wie eine, die liebt, nähert sich die Wahrheit mir tänzelnd, lockend, betörend. In Schräglage will sie mir ihre Reize zeigen. *Slant.* Richtigkeit ist nur konform. Wahrheit aber ist sexy.

Wahrheit kann blenden. Sie kann mir in die Augen stechen wie ein Sonnenstrahl, vor dem ich die Lider nicht schliesse. Dann erlebe ich Verfinsterung statt Erleuchtung und Dämmerung statt Aufklärung. Ihr gleissendes Licht hat meine Iris zwar erreicht, aber auch anästhesiert. Statt einsichtig zu werden, tappe ich nun im Dunkeln. – Die alleinstehende und zurückgezogene Dichterin empfiehlt die verträgliche Annäherung, die *freundliche Erklärung,* die pädagogische Vorbereitung. Warum? Klar, sie will, dass Wahrheit ankommt. Sie will aber auch eine Aussage über den Menschen machen, vermute ich: Unsere *Lust,* unsere Empfänglichkeit, unser Vermögen, vergnügt und entzückt zu sein, ist *gebrechlich.* Was sexy ist, braucht Raum und Reife, um erkannt und erlebt zu werden. Sonst bleibt es beim raschen Rausch und beim sinnlosen Blackout. Wahrheit ist zwar sexy, sucht aber keinen Quickie. Sie will mehr. Sie will mich und erst noch ganz. Mich mit meiner Gebrechlichkeit, meinem gelegentlichen Unvermögen, den Moment ihrer Werbung wahrzunehmen. Der Richtigkeit ist es nur allzu oft egal, ob ihr Gegenüber geblendet, überrollt oder abgetaucht ist, wenn sie ihr Ding nur geradeaus herausposaunt hat. Die Wahrheit aber sorgt sich, weil sie liebt. So ist sie geduldig mit mir wie mit einem *Kind.*

Die ganze Wahrheit zu sagen, war Emily Dickinson, der Reformierten in Neuengland, anerzogen worden. Sie hat dabei auch den puritanischen Wahrheitsfanatismus erlitten, diesen religiösen Zwang, Wahrheit um jeden Preis zu sagen, gehauen oder gestochen, kompromisslos. Dieses religiöse Missverständnis, das aus faszinierenden und *schrägen* Wahrheiten beschämende Richtigkeiten macht und aus herrlichen Überraschungen geradlinige Placebos. Sie erfasste, wie Wahrheit durch Fanatismus missbraucht wird: vergewaltigt, verstümmelt, entmündigt. Wie religiöser Wahn aus Pflugscharen Schwerter schmiedet. So sehr verstand sie dies, dass sie sich unantastbar machte. Sie lebte völlig allein, trug nur weisse Kleider, verliess ihr Haus fast nie. Sie selbst war sie fast ausschliesslich in ihrer Dichtung. Die aber ist voll Wahrheit und voll bezaubernder Werbung für Wahrheit. In ihr ist sie, die Dickinson wie ihre Wahrheit, oft sehr sexy. Wer Quickies will, ist bei ihr falsch. *Truth must dazzle gradually.*

40

Wie Orpheus spiel ich

auf den Saiten des Lebens den Tod

und in die Schönheit der Erde

und deiner Augen, die den Himmel verwalten,

weiss ich nur Dunkles zu sagen.

Aber wie Orpheus weiss ich

auf der Saite des Todes das Leben,

und mir blaut

dein für immer geschlossenes Aug.

Ingeborg Bachmann, Dunkles zu sagen, 1953.

EIN GEDICHT WIE YIN UND YANG. *Ein* Sänger zwar und *ein* Instrument, aber verschiedene *Saiten*. Die letzte Strophe antwortet positiv auf das Negativ der ersten Strophe. Drei Strophen, die hier fehlen, vermitteln zwischen Ende und Anfang. Ja, der Anfang, der ein Ende beschreibt, wird drei Strophen weiter zum Ende, das einen Anfang beschreibt. Einen *Orpheus* braucht die Bachmann dafür, einen, der sie beide durchwandert hat: die Oberwelt wie die Unterwelt, den hellen Kosmos wie den dunklen Hades. Singend.

Media vita in morte sumus. Die frühmittelalterliche Antiphon (um 750 n. Chr.) hat uns Martin Luther mit seinem Lied von 1524 erhalten: *Mitten wir im Leben / sind mit dem Tod umfangen* (RG 648). Das ist nichts anderes als Bachmanns erste Strophe, in der sie *auf den Saiten des Lebens den Tod* spielt. Der Tod spielt nicht auf seiner eigenen Saite. Er nutzt nicht sein eigenes Instrument. Er bleibt nicht bei sich. Nein, er verkleidet sich und geht fremd. Der Totentanz, der in der Epoche der Reformation vielerorts das Strassenbild prägte, so in Basel (1439–40) und Klingental (1460), in Bern (1516–20) und Luzern (1616–37), zeigt den Tod, wie er als Skelett in alle möglichen Kleider schlüpft, bis zuletzt alle Stände und Alter sich ihm ergeben müssen. Die übliche Annahme, dass der Tod ein Fall für andere sei, aber nicht für mich, prägt spiegelverkehrt auch den Tod: Auch er empfindet sich selbst nicht als sein Fall, sondern wird zum Fall der anderen. Den Tod zu erfahren, heisst demnach, nicht mehr bei sich, sondern ausser sich zu sein. Die *Schönheit der Erde* und das Blau des *Himmels* und die *Augen* des Geliebten sind dann zwar immer noch da, aber nicht mehr für mich, denn ich bin ja nicht mehr bei mir.

Media morte in vita sumus. Diese Sequenz gibt es nicht, daher auch kein zweites Lutherlied. Dafür hat Bachmanns letzte Strophe diese grossartige Umkehrung. *Mitten wir im Tode / sind lebensvoll gegangen,* der Anfang eines Lieds, das noch zu dichten wäre. Die Dichterin, wie alle Lyriker eine Nachfahrin von Orpheus, jenem Urpoeten mit der Lyra, weiss, die Phon zur Antiphon zu spielen, weiss, *auf der Saite des Todes das Leben* zu singen, weiss, ausser sich zu sein, nun aber lebensvoll und nicht mehr *dunkel,* nun aber *blau,* obwohl Eurydike ihre Augen für immer *geschlossen* hat.

Das biblische Bild des ersten ist die Höllenfahrt, das biblische Bild des letzten die Auferstehung. Beide sind Bilder, Vorstellungen des gedanklich nicht Fassbaren, Metaphern des Aussersichgeratens. Ingeborg Bachmanns Botschaft ist biblisch und theologisch: Der Tod findet mitten im Leben statt, nicht nach ihm. Und das Leben findet mitten im Tod statt und nicht vor ihm. Leben und Tod sind keine zeitliche Abfolge, sondern ein existenzielles Ineinander. Yin im Yang und Yang im Yin. Ist es, weil der Mensch ungern ausser sich ist, dass er sich Leben und Tod so zwanghaft als ein Nacheinander denkt? Dabei ist doch genau dies ein mögliches Erfahrungswissen, das weise machen könnte: Es kann sein, dass ich mitten im Leben plötzlich ausser mir bin und tatenlos zusehen muss, wie der Tod mich erfasst, lange bevor ein Arzt die Maschine abstellt und ein Jurist das Protokoll unterschreibt. Ebenso gut kann es sein, dass ich mitten im Tod plötzlich ausser mich gerate und für einmal erleben darf, wie das Leben mich trägt. Lange bevor es nur noch dies tut: mich zu tragen.

Die Welt lässt sich nicht einfach einteilen in Gut und Böse, in Wahrheit und Unwahrheit; alles auf der Welt ist miteinander verflochten und verquickt; in Hirsch steckt möglicherweise mehr von einem Ratmir Pawlowitsch als von ihm selbst; in ihm, Schachna, steckt ein gut Teil von Judl Krapiwnikow, in seinem Vater von irgend so einem Richter Pjotr Petrowitsch; in jedem Juden steckt auch ein Russe, in jedem Russe ein Jude, in jedem Litauer ein Pole, in jedem Polen ein Deutscher. Wahrscheinlich, dachte Semjon Jefremowitsch, sind die Menschen deshalb unglücklich, weil sie teilen und trennen, statt zusammenzuhalten und ihre Potenzen zu vervielfältigen. Durch Teilen und Trennen verspielt man die Liebe und gewinnt nur den Hass.

Grigori Kanowitsch, Ein Zicklein für zwei Groschen, russisch 1993.

EINE GANZE *WELT* IST DIESER ROMAN, eine *durch Teilen und Trennen* längst *verspielte*, eine untergegangene Welt. Der Jude Kanowitsch schildert hier ein *Schtetl*, die Welt jüdischen Alltags vor den Toren von Vilnius, kleinräumig und grossherzig, eine verschwundene Welt. Kanowitsch schreibt seine Bücher in Russisch, das er als Dreizehnjähriger, dem Genozid entronnen, in Kasachstan gelernt hat. In der Öffentlichkeit seines Lands spricht er Litauisch. Seine Muttersprache aber ist das Jiddische, das die ganze Welt der Familie, des Glaubens und des *Schtetls* umfasst. Vermutlich kann er auch Polnisch und Deutsch. Wer macht ihm das noch nach? Kanowitsch ist Zeuge einer ausgelöschten Zeit.

Was vom vermeintlichen Zentrum Europas aus lange als Peripherie erschien, während fünfzig Jahren hinter dem Eisernen Vorhang verschwunden, ebenso lange vom Schweigen der Täter verhüllt, der nationalsozialistischen wie der stalinistischen, fast schon nicht mehr als Europa verstanden, jene Grenzgefilde, die man noch immer kaum besucht, sie entpuppen sich in diesem Roman als ein internationales Gewebe von Sprachen und Geschichten: das Bilderbuch einer grossen Welt, farbig und wirbelnd wie die Bilder Chagalls, traurig und witzig wie die Figuren Alejchems. Doch, das alles gab es mal! Alles, bevor die *Liebe* verspielt war und der *Hass* alles verbrannte, was sie hinterliess.

Die *eingeteilte* Welt ist hier auch die *verspielte* Welt, die es nicht mehr gibt. Die *verflochtene* Welt ist hier auch die *verquickte* Welt, die es einmal gab. Chagall malte sie, Alejchem besang sie, Kanowitsch erzählt sie noch immer. Moralische, ethnische, politische, auch religiöse Einteilungen haben sie vergiftet. Diese Welt wie viele andere. Plötzlich erscheinen *Gut und Böse* unterscheidbar, *Wahrheit und Unwahrheit* getrennt. Es ist dieser unheilige Bedarf nach Säuberung und Reinheit, der Verwachsenes seziert und Verwobenes auftrennt. Es ist dieser zwanghafte Purismus, der die Wahrnehmung trübt.

Welches Paradox! Der Wahn der Klärung trübt, und die Wahrheit der Trübung klärt. Verkehrte Welt? Nein, Kanowitsch, der Jude, preist die Unreinheit, weil sie wahr ist, und lobt die Unklarheit, weil sie liebenswert macht. Der Russe, der *im Juden steckt*, und der Jude, der *im Russen steckt*, sagen die wahren Sätze über das Leben und erzählen Geschichten, die voll Liebe sind. Der Nur-Russe und der Nur-Jude, der Nur-Litauer und der Nur-Pole, ja auch der Nur-Deutsche und der Nur-Schweizer: Sie mögen von Säuberung und Reinheit träumen, aber sie wissen keine Geschichten von der Liebe. *Unglücklich* sind sie und allein. Nur *clean* sind sie. Unverquickt und unverflochten. Zugrunde gesäubert. Potenzlos rein.

Obwohl er es sein könnte, weil er ja Gott ist: rein und klar, einfach und sauber, wollte nicht mal er es bleiben: Nein, er hat sich in die Welt des Menschlichen begeben. So sehr, dass Theologen jahrhundertelang ihre liebe Mühe hatten, dieses unerwartet *Gute* und diese überraschende *Wahrheit* zu klären. Im Jahr 451 n. Chr. fanden sie in einem Vorort von Istanbul ihre Formel dafür, wie Gott im Menschen *steckt* und der Mensch in Gott: *unvermischt und ungetrennt*. Ungetrennt – das klingt doch fast wie *verflochten und verquickt*, oder? Warum Gott das wollte? Wenigstens das ist sehr klar: aus *Liebe*.

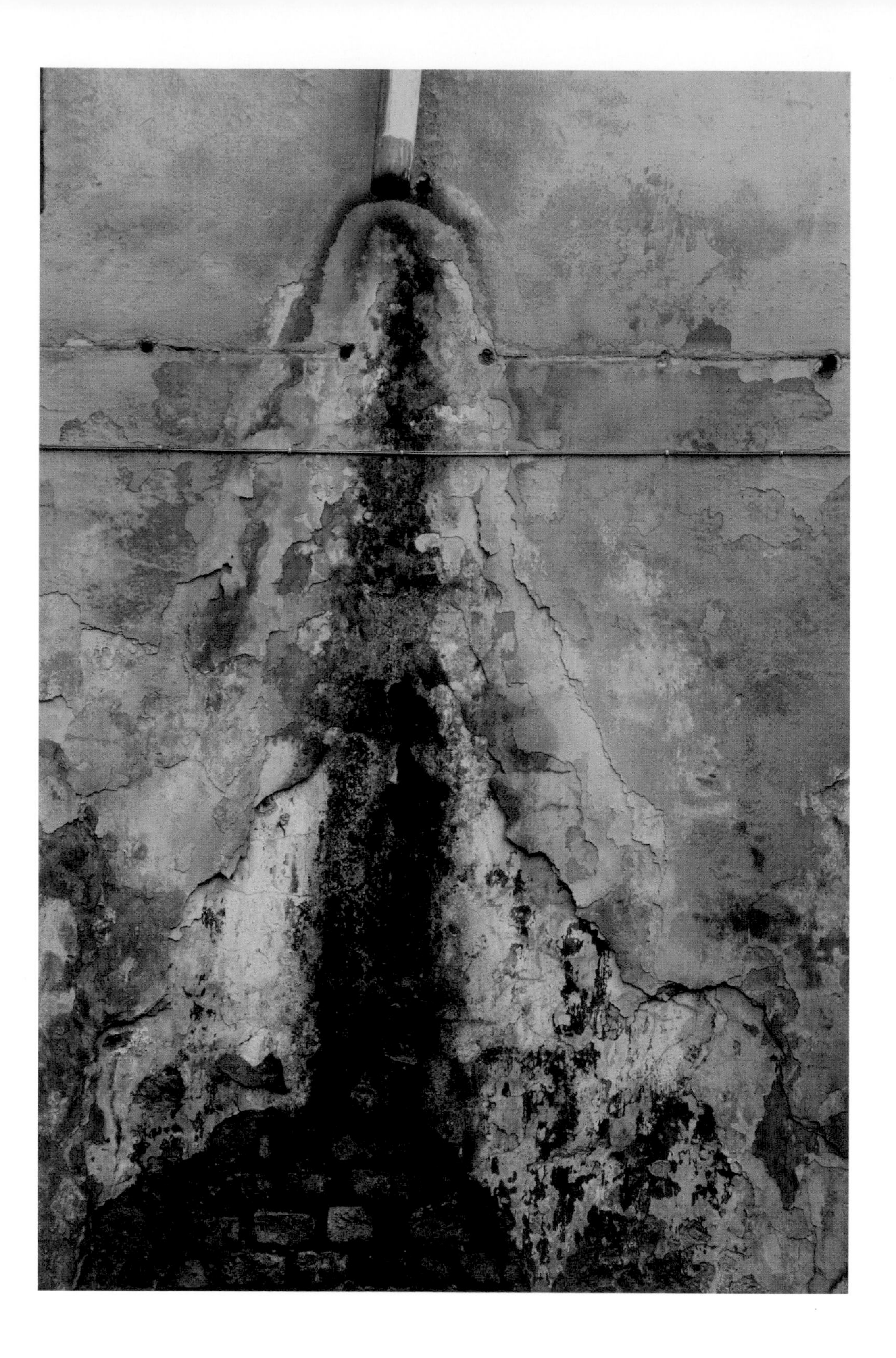

42

A la casa de mis niñeces
mi madre me llevaba el agua.
Entre un sorbo y el otro sorbo
la veía sobre la jarra.
La cabeza más se subía
y la jarra más se abajaba.
Todavía yo tengo el valle,
tengo mi sed y su mirada.
Será esto la eternidad
que aún estamos como
estábamos.

Im Haus meiner Kinderjahre
brachte meine Mutter
mir das Wasser.
Zwischen einem Schluck und
dem anderen
sah ich sie an überm Krug.
Der Kopf hob sich höher
und der Krug senkte
sich tiefer.
Noch immer hab ich das Tal,
hab meinen Durst und
ihren Blick.
Derart wird die Ewigkeit sein,
dass wir sind, wie wir waren.

Gabriela Mistral, Beber,
spanisch 1938.

1945 ERHIELT SIE DEN NOBELPREIS FÜR LITERATUR, die zerbrechliche, traurige, schöne Frau aus Chile. Als die Welt erschöpft war, zu Tode ermüdet vom Kampf der Giganten und Manifeste, abgewirtschaftet, ausgelaugt und verblutet, 1945, nur gerade noch damit beschäftigt, ein Stück Brot zu finden und das Dach für die nächste Nacht, da erhielt sie, die sich ein Leben lang danach sehnte, Mutter zu werden, es aber niemals war, einen Preis für ihre zerbrechliche, traurige, schöne Lyrik. 1945. Weltliteratur vom Rande der Welt. Lyrik nach all den Jahren der Brandreden. Eine Frau nach dem Desaster martialischer Männerorgien. Eine Mutter, die nie eine war, für all die Mütter, deren Kinder gefallen waren, verhungert, verschwunden oder vergewaltigt. Gabriela Mistral, die leise Stimme nach dem Geschrei der Sirenen.

Ihr Gedicht über das *Trinken* ist von zwei Zeilen gerahmt: *An geschöpfliche Gebärden erinnere ich mich, / und es sind Gebärden, wie mir Wasser gereicht wird.* 1938 wird es publiziert, da ist sie 49 Jahre alt und erinnert sich. Ein Gedicht über das Reichen von Wasser. Die Mutter, die ihrem Kind den Krug hinhält, ein wenig geneigt, damit das Wasser in die Schale fliesst. Eine elementare Geste. Das Kind, das Schluck um Schluck aus der Schale trinkt und dabei das Gesicht der Mutter betrachtet über dem Krug. Eine elementare Geste. Ein Gesicht, das wartet, ob das gereichte Wasser ausreicht, und verharrt, um vielleicht nachzuschenken. Sich dann aber erhebt, wenn dies nicht nötig ist, weil es genügt hat und der Durst gestillt ist, während sich der Krug auch schon senkt mit der Hand, die ihn hält und davonträgt. Eine elementare Geste.

So elementar, dass diese Dreiheit ihre Zeit verliert und ewig wird: das *Tal,* der *Durst,* der *Blick*. Zu Hause sein und nach Hause finden, das sind hier das Kind, der Krug und die Mutter, das sind immer wieder der Durst, das Wasser, das Giessen. Selbst im Erinnern bleibt dies zeitlos präsent. *Gestos de criaturas.*

Sich das Wasser reichen zu können, einander dürstendes Kind und stillende Mutter zu sein, sich wortlos und unentgeltlich Elementares zu gewähren, sich geschöpflich zu gebärden von Kreatur zu Kreatur, für einen Moment heimatlich zu werden ... 1945 entschied sich das Komitee des Nobelpreises für diese leise Stimme. Als ob im Schweigen der Kanonen, in der Stille nach den Schlachten, im unendlichen Augenblick, da die Weltuhr stillzustehen schien wie einst die Sonne in Gibeon (Jos 10,12–14), die elementare Geste dieses Gedichts die Menschen so anrühren könnte, *dass sie sind, wie sie waren:* Ein Kind, das dürstet, und eine Mutter, die ihm Wasser reicht.

Es fehlt nicht viel, um Mensch zu werden. Wo es aber geschieht, werden wie am Jakobsbrunnen bei Sychar Fremde zu Freunden, Ausländer zu Nachbarn, Stigmatisierte zu Ausgelösten (Joh 4,4–15). Wo es geschieht, werden wie an der Wüstenquelle bei Schur Verstossene zu Gesegneten, Randständige zu Hoffnungsträgern, Erzfeinde zu Brüdern (Gen 16,6–12). Es fehlt nicht viel, um Mensch zu werden. Selbst dort, wo die elementare Geste zynisch parodiert wird wie auf Golgota (Mk 15,23.36), zynischer geht es nicht, bleibt das Opfer ein ganzer Mensch, damit endlich auch aus Tätern ganze Menschen würden.

Einen anderen Mond
gewannst du dir über der Limmat.
Blank auf die alten Giebeldächer
setzt sich die Mondin,
fängt sich den bunten
Lichtseidenschal,
lässt ihn flattern und hängen
ins Wasser zwischen den Brücken.

Eva Mohr, Abend in Zürich, 1959.

EINE STADTZÜRCHER NACHTSTIMMUNG VON 1959. Romantisch, wie *er* scheint, wie *sie* scheint, wie *es* scheint. Die Deklination überrascht: Der *Mond* hat eine *altera ego. Die Mondin.* Die auch sogleich das Heft in die Hand nimmt und handelt wie irgendein Subjekt. Sich auf eines der *alten Giebeldächer* setzt, sich einen *Lichtseidenschal* angelt, ihn auf die Limmat hinabhängen lässt. Eine sehr romantisch eingefangene Szene, wie es sie tatsächlich gibt, wenn alles richtig zusammentrifft: der fast stehende Halbbogen des aufgehenden Monds, eine klare Frühlingsnacht, der Mondschein als seidiges Lichtgeflimmer, das sich vom See herab, unter der *Quaibrücke* durch und auch noch unter der Münsterbrücke, schaukelnd im Wasser badet. Das ganze Bild etwa von der *Wühre* aus gesehen.

Au clair de la Lune mag einem einfallen, die Melodie von Jean Baptiste Lully. Plötzlich wird die biedere Limmat zur geheimnisvollen Seine oder Garonne. Und klar, die *Mondin* ist ja sowieso bereits eine Französin, wahrscheinlich eine *femme fatale. Mon ami Pierrot* führt einen auch rasch zum *Arlequin*. Der wieder zur *commedia dell'arte,* und schon ist man in Bergamo bei *Zani e Arlecchino.* Aus den Giebeldächern der Zunfthäuser wird flugs die pittoreske *Città Alta* der *Masques et Bergamasque.* Faurés wunderbare Musik erklingt, Zeilen von Verlaine murmeln im Hintergrund, und schon wieder hört man perlende Klavierklänge, jetzt aus Debussys *Suite Bergamasque.* Welch zauberhafte Nacht!

Eva Mohrs Lyrik endet hier, nicht aber ihr Gedicht. Das mag verwirren, ist aber Absicht. Es gibt zwar eine zweite Strophe, doch die ist ganz und gar unpoetische Prosa, ohne Rhythmik und Romantik, gefühlsneutral. Ein *Herr am Fenster* wird dort beschrieben, der im *Storchen* sitzt und *wie täglich* die *Neue Zürcher Zeitung* liest, vermutlich die Börsenkurse. Er wirft zwar *einen strengen Blick auf das Grossmünster drüben,* aber nur, um festzustellen, dass nun gleich geschlossen wird. So lässt er sich vom *wartenden Ober* seinen *Mantel* und *Stock* reichen. *Gemessen geht er die weiche Treppe hinab nach der mondlosen Seite des Storchens.*

Beschreibung einer Stadt. Eine poetische Seite hat sie, die alsbald entführt, mit Clair de Lune nach Frankreich und Italien, in die romanische Welt, die auch eine katholische ist. Und eine prosaische Seite hat sie, die heimisch bleibt, nüchtern auf dem Boden der Realität, auch in der Freizeit den Geschäften verpflichtet, eine Seite, die auch eine reformierte ist. Die Dichterin, die poetisch mit sich redet, liest in der Natur. Der Herr, der prosaisch beschrieben wird, liest in der Presse. Sie phantasiert, er kalkuliert. Die Sehnsucht nach dem *anderen* zaubert sich ein weiches, weibliches, romantisches Bild herbei. Die *Mondin* entführt in den *fin de siècle*, märchenhaft, aber auch ein wenig dekadent und morbid, auf jeden Fall aber emotional. Reformierte Nüchternheit aber gibt sich bieder und dezent, *streng* und *geschlossen,* eine männliche und rationale Welt, für die vermutlich bereits das Feuilleton ein unanständiges Weichteil ist. *Weich* ist hier nur der edle Treppenteppich, auf dem es *hinab nach der mondlosen Seite* geht.

Zürich, zum Beispiel. Trifft diese Nachtstimmung von 1959 eine Realität von 2015? Eine der Mentalität, des Genders, der Konfession? Oder ist am Ende das Puritanische an Zürich gar nicht der berüchtigte Zwinglianismus, sondern der ruchlose Ökonomismus?

Dem Grossen Buddha
Flog aus der Nase heraus
Ein Mauersegler!

Kobayashi Issa, Haiku, japanisch vor 1827.

SCHADE, DASS ICH NICHT JAPANISCH KANN! Siebzehn Silben auf drei Zeilen und in der Folge fünf-sieben-fünf: Die Übersetzung bildet dies zwar ab, aber der Klang des Originals ist nicht abbildbar. Jedes Gedicht verliert durch Übersetzung, die kürzeste aller Gedichtformen erst recht. Schade! Umgekehrt erhöht dieser Umstand den Respekt vor dem anderen. Jede Kultur hat auch Unübertragbares, vor dem ich nur staunend stehen bleiben kann. In Japan ist dies einiges. Hier der *Haiku,* dieser *Scherzvers.* Macht nichts, dass ich nicht Japanisch kann, denn staunen und interpretieren darf ich trotzdem!

So staune ich denn, dass dem Heiligen hier Profanes entfleucht. Vorstellen kann ich es mir wohl. Japanische Gärten habe ich gesehen. Die grossen Zen-Klöster in Kyoto pflegen sie. Nichts ist dort dem Zufall überlassen, alles angelegt und gewollt. Natur und Kultur gehen eine unlösbare Partnerschaft ein. Nichts ist Dekoration. Natur schmückt nicht die Kultur, und Kultur verschönert auch nicht die Natur. Sie kommunizieren. Alles ist einander dienender Teil, das Ganze eine gemeinsame Harmonie. Auch der *Grosse Buddha,* der Lotos, die Laterne dienen. Die Höhle, der Teich, der Berg sind nicht *künstlich gemacht,* wie westliche Augen es sehen mögen, sondern harmonisch angelegt, zentriert und im Lot. Die Brücke, die Treppe, das Tor *wirken* nicht *natürlich,* wie westliche Erwartung es gerne sieht, sondern sind Wegmarken der Stille, der Meditation, erhöhter Wachheit. Fallen rote Ahornblätter auf grünes Moos, so ist dies ein erwartetes Ereignis. Schnappt der gelbweisse Koi nach einer Fliege, so ist dies ein erhofftes Glück. Natur und Kultur ruhen ineinander. Der japanische Garten bringt das Wesen der Dinge zum Klingen. Dort *wesen* sie.

Der Haiku ist der Bonsai unter den Gedichten. So reduziert, dass nichts den eingefangenen Augenblick trübt, nichts die unbeschreibliche Stimmung verdirbt, nichts das unbegreifliche Geheimnis lüftet. Der Haiku wahrt das Geheimnis eines Moments, indem er im richtigen Moment abdrückt. Aus der Nase eines Gartenbuddhas fliegt ein Mauersegler. Haikus sind *stills,* Standbilder, Momentaufnahmen. Sie zittern ein wenig. Noch oder schon. Man ahnt, dass sie gleich wieder weg sind und der Film prosaisch davoneilen wird.

Im biblischen *Hohenlied* kommen mehrfach ähnliche poetische Momentaufnahmen zur Geltung: *Deine Augen sind Tauben,* sagt der Geliebte zur Freundin (Hld 1,15; 4,1). *Seine Augen sind wie Tauben,* beschreibt die Freundin den Geliebten (Hld 5,12). Auch ein *still.* Eine Taube fliegt aus der Augenhöhle der Liebenden. Die Liebesbotschaft in Gestalt eines Vogels. Blicke als fliegende Liebesbriefe. Der Blick liebender Augen fliegt zum Geliebten. Sogar von Gott heisst es im Moment der Taufe Jesu: *Der Himmel tat sich auf, und er sah den Geist Gottes wie eine Taube niedersteigen und auf ihn herabkommen. Und siehe da, eine Stimme aus dem Himmel sprach: Das ist mein geliebter Sohn.* (Mt 3,16–17) Die Taube, die als Liebesbotschaft aus dem Göttlichen hervorgeht und ihr Ziel erreicht.

Aus der Nase der Mauersegler und aus dem Auge die Taube. In beiden Fällen, die gewiss nichts miteinander zu tun haben, hat der Vogel Gemeinsames: Er kann fliegen, Unerreichbares erreichen, getrennte Welten verbinden. Die Nachricht, die der Mauersegler vom *Erwachten* überbringt, nennt der Haiku so wenig, wie die Botschaft, die von der Taube aus Gott herausgetragen wird, direkt überliefert ist. Ist es Buddhas Atem, der von ihm ausgeht und die Menschen anweht, die im Garten weilen? Ist es Gottes Liebe, die von ihm ausgeht, um Menschen zu ergreifen und liebesfähig zu machen? *Apus* und *columba,* die beiden stehen für das Wunder des Fliegens. Für Vitalität, die mir wunderbar zufliegt, die ich nicht aus mir habe, die ein göttliches Geschenk ist, ein himmlischer Scherz.

I fell in love with the old man's prayer

The way he changed the tone of his voice

The way he wanted God to see sense

He stressed that it was way too long

For the one half to keep bearing their problems

Surely it must be time now for the change-over

Surely God did not want the unborn to arrive in this cold

Didn't God know that we'd forget how to cook

If we had no food at all

Doesn't God know that we'll forget how to build homes

If we have nowhere to build them

I fell in love with the simplicity of the old man's prayer

Food to eat and a house to make a home

Gcina Mhlophe, I fell in love, englisch 2002.

EINE SCHWARZE FRAU ERINNERT SICH AN EINEN SCHWARZEN MANN. Es war in der Methodistenkirche von Hammarsdale in KwaZulu-Natal. Sie macht ihre Erinnerungen an Kindheitserlebnisse zu einem Liebesgedicht. Sieben Strophen lang die Liebeserklärung an das Gebet eines alten Mannes. Leicht pervers?

Sie liebt, wie er mit einem Bein kniet, die Hände auf das andere Knie legt, sein Gesicht zur Decke hebt und *his thunderous voice* erschallen lässt. Wie er tief Luft holt und erst nach einer Pause Gott lobt, von dem er zu wissen meint, dass er ihn liebe und höre, und dass er wie eine Sonne scheine über Reiche und Arme, wie ein Mond in der Nacht, und dass er das Wasser sende. Sie liebt, wie er sich beim Beten mit dem ganzen Körper wiegt und dann seine Stimme senkt. Sie liebt, wie er mit Gott parliert, disputiert, kommuniziert, wie er den *change-over* anmahnt, die Entlastung, den Seitenwechsel, das Umschalten zugunsten der Armen und Habenichtse. Endlich, es werde Zeit!

In der Einleitung zum Gedichtband nennt sie es gar eine *performance,* die da abgeht und der sie als Kinder zugesehen hätten, statt gehörig die Augen zu schliessen. *Often, we went out and imitated him when no adults were about. His singing voice was unforgettable, too, and so for us, his mere presence made our Sundays special.* Leicht pervers?

Doch, den alten Mann kenne ich. Es war 2004 in einem Township von Kapstadt. Am Ende des Gottesdiensts begrüsste er uns Weisse als Ältester seiner Gemeinde. Seine sanfte Stimme erzählte, wie er sein ganzes Leben hier verbracht habe, nachdem er als Kind über Nacht ins Township umgesiedelt, weil sein Dorf von Bulldozern plattgewalzt worden war. Wie manche Gäste ihn entsetzt fragen würden, ob er wirklich hier lebe. Wie er nun zwar frei sei, sich aber keine Wohnung anderswo leisten könne. Wie seine Kirchgemeinde in all den Jahren seine eigentliche Heimat gewesen sei. Und dann hob der alte Mann seine Arme, schaute an die Decke und betete für uns Weisse mit fester Stimme und erbat für uns Gottes Segen. Leicht pervers?

Nein, die leichte Perversion liegt bei uns. Wir, die beten, ohne selbst bewegt zu sein, loben, ohne dabei zu lachen, preisen, ohne vor Freude aus der Fassung zu geraten, klagen, ohne je in Wut zu geraten über himmelschreiende Not. Wir, die beten, ohne konkret zu werden, Ross und Reiter beim Namen zu nennen, das auszusprechen, was fehlt: *food to eat and a house to make a home.* Wir, die mit Gott reden, ohne ihn bewegen zu wollen, ohne zu kämpfen mit ihm, ohne ihn herauszufordern. Wir ohne *mere presence,* wir sind leicht pervers im Vergleich zur Aufmerksamkeit dieser neugierigen Kinder und zur Einfachheit dieser alten Männer. Sie vor allem beschämte mich, damals im Township.

46

Wir aber wussten nicht,

woher wir kamen noch
wohin wir gingen,

wir schlugen unseren Weg ein
nach den Fahnen

im wechselnden Wind.

Unwiderruflich schritten
wir fort

über widrige Abgründe und
waren doch

der Abgrund selbst, denn
unser Sinn

war der tote Knochen

der Nützlichkeit.

Roland Merk,
Gesang von der Nacht, 2010.

VORBEI DIE ZEIT, als Winde noch Namen hatten. Bora, Meltemi, Monsun, Passat, Zephyr, Scirocco, Taifun, Chamsin, Mistral, Zyklon. Vorbei die Zeit, als sie ebenso schaurig schön klangen, wie sie bliesen. Vorbei die Zeit, als sogar die Winde Teile einer göttlichen Weltordnung waren, in der ein Schöpfer alles namentlich benannt und bestellt hatte. Die acht Winde in der Rose von Lausanne zeugen von ihr. *Unwiderruflich* vorbei.

Der *Gesang von der Nacht,* Roland Merks grosses Schlussgedicht, folgt dem Zyklus *Wind ohne Namen* und liest sich wie ein Abgesang. *Im wechselnden Wind* sind wir unterwegs, doch die Winde sind *ohne Namen.* Eine vorangestellte Zeile erinnert an Bertolt Brechts berühmte Bilanz seiner Epoche, die er *An die Nachgeborenen richtet: Ihr, die ihr auftauchen werdet aus der Flut / In der wir untergegangen sind* … Hier nun reden sie, die Nachgeborenen, über ihre Epoche, eine neue Bilanz siebzig Jahre nach Brecht.

Sie erinnert an die ebenfalls berühmte Priamel, die Martinus von Biberach zugeschrieben wird (vor 1498): *Ich leb und waiss nit wie lang, / ich stirb und waiss nit wann, / ich far und waiss nit wahin, / mich wundert das ich frölich bin.* Hans Thoma hat daraus die heute gängige Fassung gemacht (1922): *Ich komm', weiss nit woher / Ich bin, und weiss nit wer / Ich leb', weiss nit wie lang / Ich sterb' und weiss nit wann / Ich fahr', weiss nit wohin / Mich wundert's, dass ich fröhlich bin.* Zwischen Luther, der die Priamel in einer Predigt den *Reim der Gottlosen* schalt, denn wer glaube, wisse all das, und Brecht, der im Sechszeiler beim *Radwechsel* das *Woher* und *Wohin* der gängigen Fassung übernahm, wurde die *fröhliche* Unwissenheit, das Gegenstück zur *gelehrten* Unwissenheit, zum Wandermotiv: *serena ignorantia* statt *docta ignorantia.*

Ein *Bote JHWHs* war es, der die Fragen nach Herkunft und Hinkunft erstmals stellte, an Hagar, die von Sara vertrieben worden war und mit ihrem Sohn Ismael in der Wüste umherirrte (Gen 16,8): *Wo kommst du her, und wo gehst du hin?* Göttliche Fragen demnach, kein gottloses Gereime. Fundamentale Sinnfragen nach Ursprung und Ziel, Geburt und Tod. Orientierungsfragen. Hagar weiss keine Antwort. *Auf der Flucht* sei sie. Keine Serenade und keine Doktrin. Weder fröhlich noch gelehrt. Unwissenheit ist hier wie dort das Schicksal von Flüchtigen.

Merk, der Nachgeborene, beschreibt eine Welt ohne Orientierung. Namenlose Winde blasen Flüchtige wie Laub mal hierhin mal dorthin. Nachgeborene wenden ihre Hälse wie Fahnen nach dem Wind. Was sie nicht kennen, bestimmt sie. Fremdgeleitet sind sie. Objekte. Widerspruchslos und werden so *unwiderruflich.* Taub und stumm ziehen sie dahin. Überschreiten sich, denn der Abgrund, den sie passieren, sind sie selbst. Sie passieren sich. Warum? Der Sinn ist *tot.* Nützlichkeit hat sich seiner bemächtigt. Hat ihn benutzt, entstellt, missbraucht. Nun kaut sie auf ihm herum wie ein Hund auf seinem *Knochen.* Es geht den Nachgeborenen wie Hagar, die verstossen wurde, nachdem sie nützlich gewesen war. In einer Welt ohne Sinn ist der Mensch ein flüchtiges Objekt. Ein Ausgesetzter. *Homo homini lupus.* Nicht der, den Brecht sich wünschte: *Ihr aber, wenn es soweit sein wird / Dass der Mensch dem Menschen ein Helfer ist / Gedenkt unsrer / Mit Nachsicht.*

Kumpel, Traum, Krug, Erde,
Trommeln sagen. Egal was.

Die Summe allen
Schweigens hören.

Die Weite benennen,
die vielversprechende.

Und dann schweigen.

Yuri Herrera,
Abgesang des Königs,
spanisch 2008.

EINEN VERGLEICHSWEISE KURZEN ROMAN hat er geschrieben, der Mexikaner Yuri Herrera, Jahrgang 1970. Nur gerade 140 Seiten statt der 950, die einst der Mexikaner Carlos Fuentes, Jahrgang 1928, für dasselbe Thema brauchte: *Los Trabajos del Reino* (2008) beschreibt wie *Terra Nostra* (1975) das Land *México*: Wie es funktioniert, sich gibt, tickt. Was der Grossvater aber durch Redundanz erreichte, durch den wunderbaren Wirbel von Bildern und Episoden, die einen wild wuchernden Dschungel bilden, undurchdringlich und kaum zu erfassen, eine surreale Mischung aus Handfestem und Halluziniertem, durch lateinischen *realismo mágico* also, das erreicht der Enkel durch Reduktion, durch Verzicht auf Wucherungen, durch Destillation und Konzentration, aus denen eine glasklare Atmosphäre hervorgeht und ein Hochland der Weitsicht, frei von Smog und Glast. Herrera macht feudale Strukturen sichtbar, die jetzt wie einst das Land in Wirklichkeit regieren, die unsichtbare Herrschaft weniger alter Familien, die Vormacht der nach wie vor iberischen Minderheit, die eine überwältigende Mehrheit, meist Mestizen, zu *indígenas* degradiert, zu *Eingeborenen*, die beherrscht und erzogen werden müssen.

Dreimal unterbricht Herrera den Fluss des Fabulierens durch poetische Selbstreflexion. Eigentlich sind es drei *Dichtergedichte,* Beispiele jener Gattung, in der ein Autor sich vergewissert, was Sprache leistet und was er mit ihr anfängt. Der Dichter sagt Wörter, und mit dem *Sagen* werden sie, *egal was,* zu Figuren, die sich bewegen und verweben, ein Eigenleben gewinnen und sich aussprechen. Sie verselbstständigen sich, laufen ihrem Schöpfer davon oder eröffnen ihm neue Horizonte. Die Wörter des Romans, die Textur seiner Wörter, entsteht, indem der Dichter ihnen zuhört. Er ist ein Gewebe aus Gehörtem. Hier entsteht Welt aus Sagen und Vernehmen, aus Sprechen und Schweigen. Wie in jeder guten Musik auch das Verstummen noch zur Musik gehört, die Generalpause, das Ritardando, die Fermate, die den Atem stocken und das Fallen eines Regentropfens hörbar macht, so ist auch in jeder guten Literatur das Schweigen ein wesentlicher Bestandteil der Wahrnehmung. So wird *die Weite vielversprechend,* und das *Benennen* entfesselt eine Welt. So ist plötzlich *die Stimme allen Schweigens* zu *hören* wie sonst nie. Der paradoxe Moment hoher Kunst, sobald er eintritt, der Augenblick des Regentropfens.

Was Herrera als Dichter reflektiert, stellt sich die Bibel als göttliches Können vor: *Im Anfang war das Wort, der Logos, und der Logos war bei Gott, und von Gottes Wesen war der Logos.* (Joh 1,1) Was ist, das *Vielversprechende,* ist durch Benennung entstanden und *bei seinem Namen gerufen* worden (Jes 43,1), ist durch Sprache konstruiert, durch *Sagen* ins Sein gerufen, als *lebende Kehle* göttlich beatmet (Gen 2,7). Gott erdichtet sich seine Welt. Sie ist Gottes Verdichtung, seine Textur, unser Kontext. Er ist es, der sagt, was ist, und der schweigt und zuhört, wenn das Gesagte sich verwesentlicht und ein Eigenleben gewinnt. Ihm vielleicht davonläuft wie Jona oder widerspricht wie Hiob, ihm wie einst sein Sohn vielleicht neue Horizonte eröffnet. *Die Summe allen Schweigens* aber ist der Sabbat des Schöpfers, der Tag stiller Betrachtung (Gen 2,2–3). Der Sonntag ist der Tag des Hörens, der Tag des Schöpfers, der Tag der Dichter. Zeit zu *hören,* wie die eigene Welt funktioniert, sich gibt, tickt. Zeit der Reduktion. Für den Roman des eigenen Lebens.

K

Was einem nicht Angst macht im Leben, das zählt nicht.

Miguel Ángel Asturias, Die Maismänner, spanisch 1949.

ERSTAUNLICH, diese Sentenz ausgerechnet bei einem lateinamerikanischen Schriftsteller zu lesen. Auf dem Kontinent des *machismo* gilt doch als eine *mujer,* wer Angst zeigt. *Frauen* dürfen Angst haben, Männer nicht. Im Gegenteil, Männer machen Frauen zuweilen gehörig Angst. Männer sind Angstmacher. So auch die *hombres de maíz:* Sie spalten die indianische Bevölkerung Guatemalas in solche, die mit den weissen Kolonialherren kooperieren, die nur zu gern den Profit einstreichen aus der Kultivierung des Mais durch die Mayas, und in solche, die sich zu ihren Mythen bekennen und die Göttergabe des Mais nicht der hemmungslosen Ausbeutung preisgeben wollen, sondern für sie in den Untergrund gehen. Die *Maismänner* profanieren die heilige Lebensgrundlage der Mayas. Sie verkaufen das Unverkäufliche. So machen sie Angst. Angst hat hier mit Profanierung zu tun.

Im *Popol Vuh,* dem heiligen Schöpfungsbuch der Mayas, ist der Mais schon da, bevor der Mensch erschaffen wird. Der Mais ist älter als der Mensch. Erst im dritten Anlauf kommt jenes Wesen zustande, das die Götter sich als ihr Gegenüber vorstellen. Ihre Anforderung lautet: *Es gilt, die Mittel zu finden, dass der Mensch, den wir formen, der Mensch, den wir schaffen werden, uns erhalte und nähre, dass er uns anrufe und unserer gedenke.* Die Bestimmung des Menschen ist demnach, die Götter zu erhalten und zu nähren, sie anzurufen und ihrer zu gedenken. Die Mittel zur Erschaffung dieses Menschen sind Maiskörner und Feuerbohnen. Ein Losorakel bringt diese Lösung. Angst hat hier mit Profanierung zu tun. Der Mensch, der jünger ist als der Mais und nur mit dessen Hilfe überhaupt existiert, erhebt sich nun über den Mais, indem er ihn kapitalisiert. Der Mensch, den die Götter erschaffen hatten, dass er ihnen diene und sie erhalte, hat sie nun schlicht vergessen. Damit brechen dem Glauben der Mayas die Stützen weg. Dies beschreibt Asturias in schwer lesbaren Texten, die dem Gewicht und der Fremdheit der mythischen Überlieferungen nachempfunden sind. Es ist diese Angst aber, die zählt, sagt Asturias, denn sie kommt aus den weggebrochenen Lebensgrundlagen. Sie wird von dem genährt, das fehlt. Das Nichts ist ihre Quelle.

Profanierung ist heute in und hip, besonders in Europa. Manche Kulturschaffende, die gerne welche wären, benutzen sie zur Erregung von Aufmerksamkeit und schaffen eher Angst als Kultur. Manche Satiriker beanspruchen ein übergeordnetes Menschenrecht auf Profanierung und steigern mit ihr die Auflagen ihrer Gazetten, nicht aber ihre Intelligenz. Manche Intellektuelle repetieren bei jeder öffentlichen Gelegenheit die religionslose Unabhängigkeit ihrer Freigeisterei und zeigen doch jedes Mal aufs Neue nur, wie wenig sie von Religion verstehen und wie sehr sie sie beschäftigt. Es ist billig geworden, Religion zu verunglimpfen. Hierzulande kostet es nichts mehr, Profanierung als Unterhaltung anzubieten. Wer hingegen in Ciudad de México das grossartige *Museo Nacional de Antropología* nach einigen Stunden verlässt, überwältigt und verstummt, begeistert und wütend ob einer ungeahnten Fülle jener Religion und Kultur, die Hernán Cortés 1519 eroberte, um sie restlos auszubeuten und zu zerstören, wer also das Gerettete aus dem Untergang gesehen hat, das Nichts von seiner musealen Seite, der gewinnt doch wenigstens Respekt: vor der kulturellen Potenz der Religion und vor der religiösen Potenz der Kultur. Tumb, wer da nichts spürt!

Vielleicht ist es sogar die Angst vor dieser Bodenlosigkeit, vor diesem bald fünfhundertjährigen Nichts, vor der Einsamkeit des gottberaubten Menschen, die in Lateinamerika, dem Kontinent grossartiger vorkolumbianischer Kulturen und dem Kontinent desaströser kolumbianischer Kulturzerstörung, den *machismo* überhaupt erst hervorgerufen hat. Ein *macho* wäre dann einer, der Angst macht, weil er Angst hat. Das zählt.

49

Tragik

Das ist das Schwerste:
sich verschenken

und wissen, dass man
überflüssig ist,

sich ganz zu geben und
zu denken,

dass man wie Rauch ins
Nichts verfliesst.

Selma Meerbaum-Eisinger,
Ich bin in Sehnsucht eingehüllt,
1941.

NACH DIESEM LETZTEN GEDICHT HAT SIE NOCH FAST EIN JAHR GELEBT. Sie wurde achtzehn Jahre alt. Es gibt nur diesen dünnen Band von Gedichten. Die junge Jüdin, geboren in Czernowitz und umgebracht in einem Arbeitslager der SS, hatte keine Zeit für Jugend, für Lyrik, für Romantik. *Ich habe keine Zeit gehabt, zu Ende zu schreiben* steht mit Rotstift unter diesem letzten Gedicht vom 23. Dezember 1941.

Tragik. Ob eine Siebzehnjährige wissen kann, was das ist? Selten wird das Adjektiv *tragisch* heute richtig verwendet. Radio und Fernsehen üben fast nie den Gebrauch, den die altgriechische Tragödie etabliert hatte. Sehenden Auges dem Unabwendbaren zu begegnen, wissenden Geistes ins Unausweichliche zu gehen, sicheren Schrittes das Unbeeinflussbare zu betreten, das ist tragisch. Dazu bei allem, was man tut, zu ahnen, dass man selbst teilhat an einer Entwicklung, ohne diese Teilhabe jetzt noch beeinflussen zu können. Etwas läuft unabwendbar, begegnet unausweichlich, bewegt sich unbeeinflussbar, obwohl ich einst irgendwie Einfluss darauf hatte. In der Tragik ist jetzt zerbrochen, was einst sinnvoll schien. Der Konflikt, zu dem es jetzt gekommen ist, kann nicht mehr gelöst, das Schicksal, das sich jetzt angebahnt hat, nicht mehr vermieden, der Kampf, der nun ausgebrochen ist, nicht mehr gewonnen werden. Helden werden lächerlich. Schuldlose gibt es nicht. Der Mensch, der einst die Götter provoziert hat, unterliegt nun ihrem *fatum.* Leben wird fatal. Ob der ungriechische Gebrauch, den die Gegenwart vom wichtigen Wort *tragisch* macht, mit ihrem aufgeklärten Abschied von den Göttern zu tun hat?

Tragik. Doch, diese Siebzehnjährige versteht das Wort richtig. Sie ist zwar im aufgeklärten Judentum des deutschsprachigen Czernowitz aufgewachsen und hat denselben Urgrossvater wie Paul Celan. Aber der Respekt gegenüber jüdischem Glauben und jüdischer Tradition ist ihr geblieben. Was sie als Tragik erfährt, ist ihre erste Liebe, die nicht gelebt werden kann, weil Czernowitz der strategische Zankapfel zwischen Deutschen, Rumänen und Russen ist und deren Machtgebaren stets zuerst und immer mit Pogromen die jüdische Bevölkerungsmehrheit trifft. Familien und Beziehungen werden mit Gewalt zerrissen, Menschen verschleppt und ausgebeutet, ihr Judentum zum Spielball der Macht. Ihr liebendes *Verschenken,* das sie sehnlichst will, kann beim Geliebten nicht ankommen und wird daher *überflüssig.*

Tragik. Dieses Gedicht hat ungewollt eine doppelte Tragik. Als letztes im Zyklus von 57 liest es sich für Überlebende und Nachgeborene des Holocausts auch auf einer anderen Ebene. Czernowitz war die Stadt des aufgeklärten Judentums, der *Haskalá.* In Hochschätzung deutscher Kultur sprach man *Deutsch.* Auf dem Land der Bukowina und Galiziens hingegen war das fromme Judentum des *Schtetls,* der *Rabbinen,* des *Chassidismus* vorherrschend. Dort sprach man *Jiddisch.* Für sie war der Jude, der vom Land in die Stadt ging, dort ein Gymnasium besuchte und sich zum jüdischen Weltbürgertum deutscher Prägung zählte, ein *Deutsch.* Das war im jiddischen Chassidismus das Schimpfwort für einen Abtrünnigen. Wer also in die Stadt zog, *gab sich ganz* und verlor einiges. Ausgerechnet Deutsche, die einen Rilke oder Hofmannsthal hervorgebracht hatten, Selmas lyrische Vorbilder, brachten nun auch SS-Männer hervor, die gnadenlos dafür sorgten, *dass man wie Rauch ins Nichts verfliesst.* Hingabe endete doppelt in *Tragik.* Es wäre gewiss gut, dem Fall solcher Erfahrung den Gebrauch von *tragisch* vorzubehalten. Zumal man dann sicher *keine Zeit* hat, *zu Ende zu schreiben.* Viel ist gesagt mit *Tragik,* mehr fast, als zu ertragen.

Schlichte Menschen vergrössern einen Raum, wenn sie durch die Tür treten.

Konstantin Wecker, Über die Zärtlichkeit, 1963–1979.

WAS IST EIN RAUM? Was macht den Raum zum Raum? Wie verändert ein Raum sich durch Menschen oder Dinge oder Geschehen? Fragen, die Kunst und Architektur beschäftigen, auch Kirchenleute, die über den Raum einer Kirche nachdenken. Konstantin Wecker fügt seine Einsicht beiläufig und eingeklammert einem Gedicht über die Zärtlichkeit bei. Nein, er will natürlich nicht belehren, der Liedermacher und Strassenbewegte. Das wäre spiessig. Drum im Original die Klammer um die Sentenz.

Gibt es Räume, die selbst nichts sind? Das Konzept des *white cube* findet: ja. Für eine Ausstellung von Kunst sei der *white cube* das Beste. Man könne in ihn hineinstecken und aus ihm wieder rausholen, was man will, der Raum bleibe unbetroffen. Er ist quadratisch, neutral, weiss. Er schweigt. Er dient perfekt, widerspricht und beeinflusst nie. Er ist kein Subjekt, sondern Objekt multioptionaler Nutzung.

Räume hingegen, die selbst Subjekte sind, sprechen. Nicht alles kann sein in ihnen: der Mann in der Badehose nicht im Spiegelsaal des Schlosses und nicht die Frau im Ballkleid im Geräteraum des Fitnesscenters. Wie Spiegel den Spiegelsaal machen und Trainingsgeräte das Fitnesscenter, so macht Kunst, die mit dem Raum korrespondiert, den sprechenden Ausstellungsraum, und so machen Rituale, die den Kirchenraum begehen, den Raum einer historischen Kirche. Da geraten Subjekte in einen Dialog und anerkennen, was sie zu sagen haben. Wie jeder Dialog kann auch dieser schiefgehen. In der Komödie gehört die Disparatheit von Räumen und Menschen zum Stilmittel, das Gelächter auslöst. Ein verunglückter Dialog schafft Komik.

Wecker sinniert über *schlichte Menschen*, die *einen Raum vergrössern.* Das reizt sofort zur Frage, was denn der Eintritt auffälliger, herausgeputzter, stark beleibter Menschen mit dem Raum macht? Oder der Eintritt ängstlicher, bescheidener, dünner Leute? Oder der Ansturm vieler, lauter, selfiebesessener Touristen? Oder die undefinierbare Masse gelangweilter, uninteressierter, abendessenorientierter Schnellreisender? Wer verkleinert den Raum? Wer lässt ihn verstummen? Was lässt ihm die Luft raus?

Was für jeden guten Raum gilt, der nicht als *white cube* gedacht ist, sondern als Subjekt mit Charakter eine eigene Ausstrahlung hat, gilt auch für den Kirchenraum. Welche Aussagen macht er von selbst, welche Geschichten erzählt er aus seinen Jahrzehnten und Jahrhunderten? Schmeicheln seinem Charakter Spannteppiche und Gummibäume, die eine gute Stube aus ihm machen? Ist die *ficus benjamina* eine liturgisch vorgesehene Pflanze? Ist Gemütlichkeit die Botschaft der Kirche? Nein und noch mal nein! Gemütliche Kirchenräume bezeugen nur, dass bestimmte Lebensweltler sie okkupiert haben. Gestaltung kann Botschaft ersticken. Sind Kirchenbänke das geeignete Mobiliar, um vor Gott zu treten, zu stehen oder zu knien? Kaum. Ausser Chorgestühl und Bischofssitzen hat eine Kirche kein Mobiliar. Allenfalls für Alte und Kranke einen Notbehelf, der rasch wegzuräumen ist.

Schlichte Menschen vergrössern einen Raum. Man könnte meinen, Wecker sei reformiert ... Genau diese Tugend der Schlichtheit war es ja, die den Schweizer Reformatoren so am Herzen lag. Der *schlichte Mensch vergrössert* beim Eintritt *einen Raum,* in dem sich möglicherweise Gott ereignet. Er macht ihn gross für Gott, und so kann der Raum heilig werden für die Menschen. Der reformierte Kirchenraum *wird* erst gross und heilig. Er *ist* es nicht von sich aus oder durch eine Weihe. Im Moment, da ich Gottes Wort verstehe, das für mich interpretiert wird, entsteht heiliger Raum. Ich sehe ab von mir und öffne mich dem anderen. Ich werde *schlicht.* Ich kann den Raum gross machen für Gottes Ereignis, aber Gottes Geist macht ihn mir heilig, sobald er mich verstehen und glauben lässt. Das *momentum* des Geists heiligt den Raum, nicht die *ficus benjamina* der Sigristin.

51

If you don't get lost,
there's a chance
you may never be found.

Anonym,
Motto der Stockholm Pride, 2012.

ICH GEBE ZU, diesen Spruch zuerst ziemlich trivial und dann keinen Beleg für ihn gefunden zu haben. Er steht auf meinem Bücherregal. Zur Erinnerung an meine neugierige Teilnahme an der *Stockholm Pride.* Ich gebe zu, ihn zuerst voll Hoffnung auf neue Bekanntschaften gelesen und dann enttäuscht zur Seite gelegt zu haben. Niemand *fand* mich. All die Schwulen und Lesben kannten einander, grüssten und küssten sich herzlich, verfielen in heftiges Erzählen und lautes Lachen. Ich aber stand *verloren* daneben. Wie am Kirchgemeindefest im falschen Dorf. Wie beim Jahrestreffen von Kegelklubs. Wie bei der Versammlung einer Partei, der ich nicht angehöre.

Lost and found. Jeder Flughafen hat inzwischen diesen Schalter. Vor Jahren kam in Marrakesh mein Koffer nicht an. Als ich dies melden wollte, erhielt gerade vor mir eine französische Touristin ihren verlorenen Koffer zurück. Vor Begeisterung fiel sie dem marokkanischen Beamten um den Hals und küsste ihn herzlich links und rechts. Nicht ganz ohne, denn gewiss war er ein Muslim und sie eine Christin …

Vielleicht ist nicht dieses *Verlorengehen* gemeint. Vielleicht ein anderes. Ein tieferes vielleicht? Wie bei Wurzeln, die man erst mal ausreissen muss. Doch wer interessiert sich schon für Entwurzelte. Nur wenige Politiker machen sich für sie stark, und die meisten Bürgerinnen und Bürger haben schlicht Angst vor solchen *Funden.* Immerhin, manche Wirte waren froh, ihren Tamilen, manche Spitäler, ihre Filipina, mancher IT-Betrieb, seinen Spezialisten aus Karnataka *gefunden* zu haben. Sie würden sie am liebsten nie mehr hergeben. Ein umfassenderes Verlorengehen vielleicht? Wie bei einer Wiedergeburt, der vom früheren Leben nichts mehr anzusehen ist, die alles Gewesene abgestreift hat, deren ganze Existenz eine andere geworden ist. Immerhin, für Asiaten ist die Wiedergeburt ja eher Strafe denn Glück. Keine Existenz mehr zu haben, aus dem Rad der Wiederkehr ausgetreten zu sein, restlos alles, dem man anhaften kann, hinter sich zu haben, das wäre Glück. Aber auch dies ist nicht gemeint.

Vielleicht liegt der Ton gar nicht auf dem *Verlorengehen,* sondern auf dem *Gefundenwerden*? Dass ich also nicht von der negativen Warte aus über Veränderung nachdenke, sondern von der positiven. Dass ich nicht so sehr dem nachspüre, was mir abgeht, vielmehr dem, was ich gewinne. Dass ich mich beschenken lasse. Über den Groschen, den eine arme Frau verloren hatte und beim Hausputz doch wieder fand, über das Schaf, das nicht mehr bei der Herde war, bis der Schafer es nach langem Suchen zur Herde trug, über den Sohn, der sein Erbe verjubelte und sich ernüchtert wieder bei seinem Vater einfand, worauf dieser nicht moralisierte, sondern ein Fest veranstaltete, über ungewöhnliches *Gefundenwerden* also erzählt der biblische Jesus in Gleichnissen (Lk 15). Gefunden zu werden, findet er, sei das Glück schlechthin, das *Reich Gottes* für den Gefundenen wie für den Finder. Nur, der Groschen, das Schaf, der Sohn liessen sich auch finden. Darum also geht es dem Gleichnis Jesu wie dem Motto der Pride: Lass dich finden. Erlebe die Überraschung, dass einer dich findet. Geniesse den wunderbaren Moment, wenn sich jemand für dich so sehr interessiert, dass du sein *Fund* wirst.

Ehrlich gesagt, weiss ich nicht, was einfacher ist, sich völlig zu verlieren oder sich überraschend finden zu lassen. Beidem gemeinsam sind Vertrauen und Hingabe. Wer das kann, kann viel. Ich kann mir selbst so sehr verloren gehen, dass ich nicht mehr leben will, und plötzlich findet mich jemand, um mich mir selbst zurückzugeben. Ich kann jemandem begegnen, der mir zum Fund meines Lebens wird und dem ich eine neue Welt eröffne. Ohne Hingabe kein Glück.

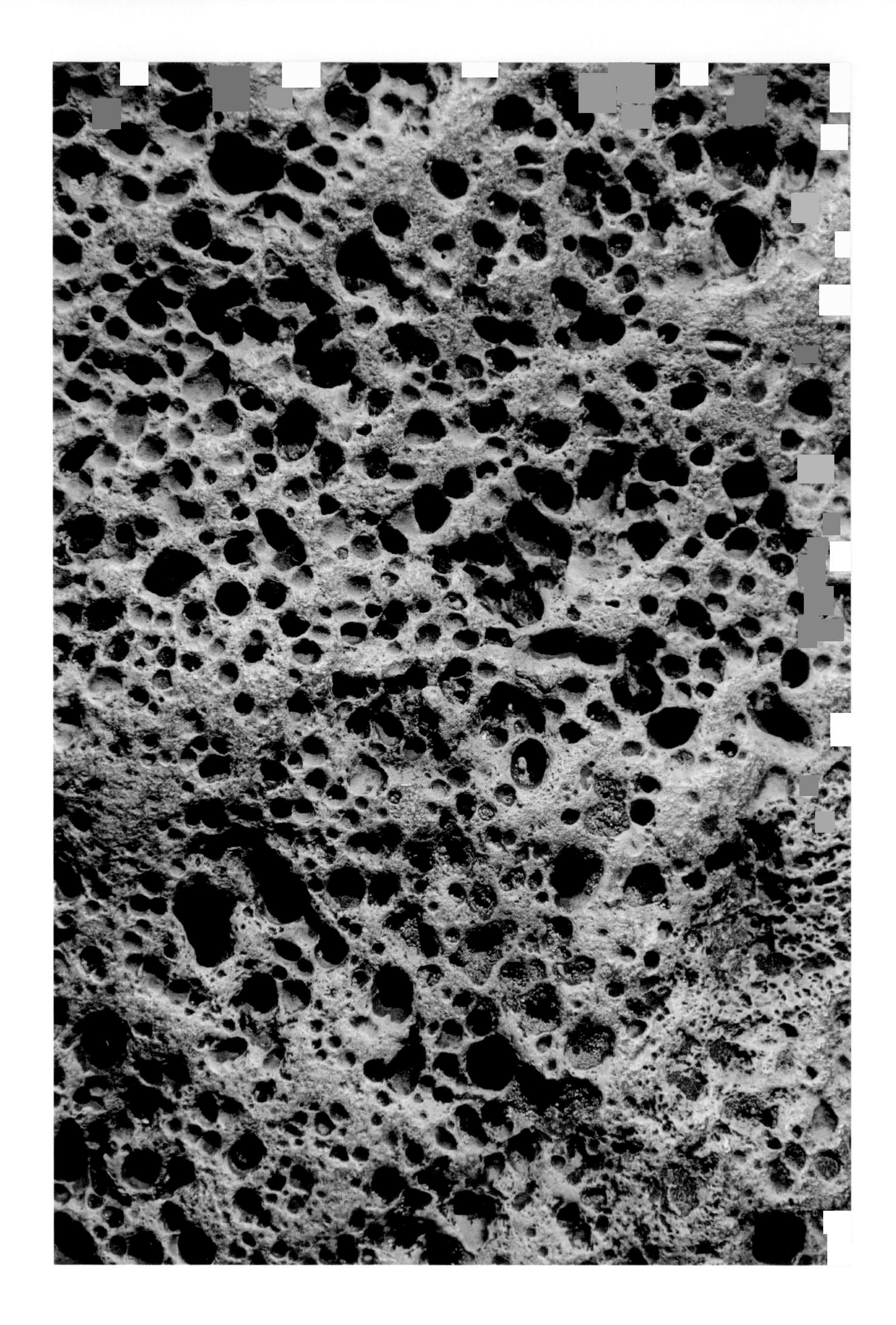

Im grossen und ganzen war es hier ähnlich wie in Mitteleuropa und doch wiederum sehr verschieden! Ja, es gab eine Stadt, Dörfer, grosse Ländereien, einen Fluss und einen See, aber der Himmel, der sich darüber spannte, war ewig trübe; nie schien die Sonne, nie waren bei Nacht der Mond oder Sterne sichtbar. Ewig gleichmässig hingen die Wolken bis tief zur Erde herab. Sie ballten sich wohl bei Stürmen, aber das blaue Firmament war uns allen verschlossen.

Alfred Kubin, Die andere Seite, 1909.

IM KANTON ZÜRICH KANN ES WINTERS VORKOMMEN, dass der Hochnebel über viele Wochen alle Landschaften bedeckt und alle Gemüter bedrückt. Dann hört man sogar über das staatliche Radio die Empfehlung, am Wochenende möglichst in die Alpen zu fahren und mit der Bergbahn eine Höhe zu erklimmen, wo mit Sicherheit die Sonne scheint. Das Einerlei unter dem Hochnebel macht *trübsinnig.* Ein träfes altes Wort. Das Dauergrau des Hochnebels trübt das Wesen. Was nur noch trist ist, verbreitet nur noch Tristesse. In Skandinavien, wo es im Winter wegen des Sonnenstands wochenlang kaum hell wird, subventioniert der Sozialstaat Familienferien in sonnigen Ländern. Ohne Licht droht der Mensch zu verdämmern. Es *löscht* ihm *ab,* wie der Dialekt es so treffend ausdrückt.

Trüb, traurig, abgelöscht. Alfred Kubins einziger Roman spielt nicht in Nordeuropa, wo man über viele Generationen Erfahrungen mit der Dunkelheit gesammelt hat, nein, er spielt irgendwo in *Mittelasien,* wo Kubin niemals war, es sich aber als Negativfolie von *Mitteleuropa* vorstellt. Der erste Satz ist eigentlich der totale Widerspruch: alles wie hier, aber doch ganz anders. Es liegt an der Sonne. Hier ist kein Gott, der sich *in Licht hüllt wie in einen Mantel,* kein biblischer Himmel, den der Schöpfer *ausspannt wie ein Zelt* (Ps 104,2), kein *Mond zur Bestimmung der Zeiten* und keine *Sonne, die ihren Untergang weiss* (Ps 104,19). Dieses Gleichmass ist masslos, ein trübes Einerlei, Nivellierung. Hier ist kein Kontrast, der Einzelnes heraushöbe, kein *chiaroscuro,* das dem Zeichner und Maler Kubin sein Metier ermöglichte, kein Schattenwurf, der Tiefe und Perspektive, Fluchtlinien und Horizonte sichtbar machte. Nein, dies ist nicht die Schöpfung, die mit der Scheidung der Wasser und der Setzung des *Firmaments* beginnt (Gen 1,6–8). Dies ist eigentlich das ewige *tohuwabohu,* ganz ohne Getöse und Aufruhr, denn kein *Geist Gottes bewegte sich über den Wassern* (Gen 1,2).

Kubin hatte als Maler eine Schaffenskrise und wurde in nur zwölf Wochen zum Schriftsteller. Was er beschrieb, ist *die andere Seite* der vertrauten Welt. Kein gütiger *Vater* waltet in ihr, sondern ein kalter Diktator namens *Patera.* Keine menschliche Hoffnung beseelt sie, sondern der ideologische Zwang des Besseren, Gerechteren, Letztgültigen. 1909 beschrieb Kubin diese phantastische Beklemmung: Das war mitten im Übergang von figürlicher Malerei in die Abstraktion, von melodieorientierter Musik in die Atonalität, von gebundener Sprache in die Atomisierung der Zeilen und Wörter. Vertraute Welten lösten sich auf, und neue waren noch nicht sichtbar. Sehen, Hören, Sagen befanden sich im Umbruch und standen am Scheideweg: Würde es nach 1909 zur Befreiung des Einzelnen kommen, der fortan seine individuelle Ausdrucksfähigkeit sucht und pflegt? Oder zur Ideologie der Massen, die allen eine bessere Welt verordnet und sie fesselt mit dem Einerlei ihres zentral gesteuerten Glücks? Kubins Schaffenskrise hat in nur zwölf Wochen sichtbar gemacht, was Stalinismus und Nationalsozialismus, um nur zwei dieser zentralen Glückssysteme zu nennen, Jahrzehnte später qualvoll hervorbringen würden: eine Welt ohne gütige Väter, aber mit grausamen *Väterchen,* eine Welt in trüber Gleichmässigkeit, der *das Beste* fehlen würde: *die Buntheit,* eine Welt ohne den Himmel und sein *Blau.*

Verbirgst du dein Angesicht, erschrecken sie, / nimmst du ihren Atem weg, kommen sie um / und werden wieder zu Staub. / Sendest du deinen Atem aus, werden sie erschaffen, / und du erneuerst das Angesicht der Erde. (Ps 104,29–30)

DANK

Ich danke meinen Leserinnen und Lesern, die immer wieder mal meine *Wochentexte* aufrufen, für die Ermutigung, sie zu publizieren; meiner Kirche, die diese *Ansichtssachen* gesehen und gedruckt haben möchte, für ihren Beitrag und ihre Unterstützung; nicht zuletzt Bigna Hauser für das sorgfältige Lektorat, das zu einem schönen Ergebnis geführt hat.

MK

NACHWEISE – BILDANGABEN

01 Said, Psalmen. © Beck; München 2007; Seite 76. – Arcachon, Frankreich; August 2013.

02 Zürcher Bibel, Kohelet 1,15b. © Theologischer Verlag; Zürich 2009; Seite 896. – Kyoto, Japan; Oktober 2014.

03 Gottfried Benn, Sämtliche Werke. Stuttgarter Ausgabe. Band II: Gedichte 2. In Verb. m. Ilse Benn, hrsg. Gerhard Schuster. Klett Cotta, Stuttgart 1986 – Seoul, Südkorea; Oktober 2014.

04 Mascha Kaléko, In meinen Träumen läutet es Sturm. © 1977 dtv Verlagsgesellschaft, München – Amsterdam, Niederlande; Juli 2014.

05 Detlev Block, Tapfer bis fröhlich. © Vandenhoeck & Ruprecht GmbH & Co. KG, Göttingen 2009 – Kyoto, Japan; Oktober 2014.

06 Theodor Weissenborn, in: Christine Razum (Hg.), Nach Golgatha. Reinhardt, Basel 1997 – Paris, Frankreich; Dezember 2013.

07 Kung-tse, Lun-yü, in: Günther Debon (Hg.), Chinesische Weisheit. © Philipp Reclam jun. GmbH & Co. KG, Stuttgart 2009 – Kyoto, Japan; Oktober 2014.

08 Friedrich Schiller, Die Worte des Glaubens, in: Arthur Kutscher (Hg.), Schillers Werke. Auswahl in zehn Teilen. Erster Teil, Gedichte, Deutsches Verlagshaus Bong & Co.; Berlin/Leipzig 1907 – Stockholm, Schweden; August 2012.

09 Detlev Meyer, Heute Nacht im Dschungel. 50 Gedichte. Oberbaum, Berlin 1981 – Rio de Janeiro, Brasilien; Dezember 2012.

10 Multatuli, Max Havelaar oder die Kaffee-Versteigerungen. Hofenberg, Berlin 2013 – Lakonien, Griechenland, Mai 2014.

11 Anonymer Graffito, Hauswand an der Duke Street; Liverpool 2014. – Stockholm, Schweden; August 2012.

12 Vitruvius, De Architectura Libri Decem. © WBG, Darmstadt 1991 – Seoul, Südkorea, Oktober 2014.

13 Sôseki Natsume, Kokoro. Aus dem Japanischen übersetzt von Oscar Benl. © 1976 by Manesse Verlag, Zürich, in der Verlagsgruppe Random House GmbH, München – Kyoto, Japan, Oktober 2014.

14 Seneca, de vita beata 2,1-2. © Philipp Reclam jun. GmbH & Co. KG, Stuttgart 2007 – Lakonien, Griechenland, Mai 2014.

15 Robinson Jeffers, Gottes Exzesse. Piper, München 1987 – Bulgan-Aimag, Mongolei, September 2014.

16 Rabbi Yochanan, Der Sandalenmacher, Pirke Avot 4,14; in: Rami M. Shapiro (Hg.), Die Worte der Weisen sind glühende Kohlen. Das kleine Buch der jüdischen Weisheit. Krüger, Frankfurt 1989 – Amsterdam, Niederlande; August 2014.

17 Paulus-Akten, in: Edgar Hennecke, Neutestamentliche Apokryphen in deutscher Übersetzung. Hg. v. Wilhelm Schneemelcher. © Mohr Siebeck GmbH & Co. KG, Tübingen, 1968/71 – Monemvasia, Griechenland; Mai 2014.

18 Auguste Villiers de l'Isle Adam, Der Tischgast der letzten Feste. Aus dem Französischen von Elke Wehr. © Edition Weitbrecht, Stuttgart 1983 – Paris, Frankreich; Dezember 2013.

19 James Baldwin, Fremder im Dorf. © für die deutsche Übersetzung édition sacré, Zürich 2012; ins Deutsche übersetzt von Pociao – Kyoto, Japan; Oktober 2014.

20 Mori Ôgai, Das Ballettmädchen. Eine Berliner Novelle. © bjapan edition im be.bra verlag, Berlin 2014 – Dubrovnik, Kroatien; Juli 2013.

21 Jonas Lüscher, Frühling der Barbaren. © Beck, München 2013 – Kyoto, Japan; Oktober 2014.

22 Friedrich Rückert, Taschenbuch für Damen; in: Gedichte. Reclam, Stuttgart 1988 – Monemvasia, Griechenland; Mai 2014.

23 E.L. Doctorow, City of God. Aus dem amerikanischen Englisch von Angela Praesent. © 2001, Verlag Kiepenheuer & Witsch GmbH & Co. KG, Köln – Ömnö-Gobi-Aimag, Mongolei; September 2014.

24 Jean-Francois Lyotard, Postmoderne für Kinder. Briefe aus den Jahren 1982–1985. © Wien: Passagen Verlag 2009, 3., überarbeitete Auflage – São Paulo, Brasilien; Dezember 2012.

25 Robert Walser, Der Gehülfe. Roman, in: ders., Sämtliche Werke in Einzelausgaben. Herausgegeben von Jochen Greven. Band 10. Mit freundlicher Genehmigung der Robert Walser-Stiftung, Bern. © Suhrkamp Verlag Zürich 1978 und 1985 – Dubrovnik, Kroatien; Juli 2013.

26 Teju Cole, Open City. Aus dem Amerikanischen von Christine Richter-Nilsson. © 2011 by Teju Cole © der deutschen Übersetzung Suhrkamp Berlin 2012 – Paris, Frankreich; Dezember 2013.

27 Germanicus, Aratea 103-119, in: Walter Kissel (Hg.), Kaiserzeit I. Römische Literatur 4. © Philipp Reclam jun. GmbH & Co. KG, Stuttgart 2007 – Dubrovnik, Kroatien; Juli 2013.

28 Astrid Stiller, Katzengold. © Stiller, Berlin 2014 – Barcelona, Spanien; April 2013.

29 Zürcher Bibel, Jesaja 1,3a; © Theologischer Verlag; Zürich 2007; Seite 918. – Stockholm, Schweden; August 2012.

30 Carlos María Domínguez, Das Papierhaus. © Carlos María Domínguez c/o Schavelzon Graham Agencia Literaria, www.schavelzongraham.com – Lakonien, Griechenland; Mai 2014.

31 Paul Nizon, Im Bauch des Wals. Caprichos. © Suhrkamp Verlag Frankfurt am Main 1989. Alle Rechte bei und vorbehalten durch Suhrkamp Verlag Berlin – Kyoto, Japan; Oktober 2014.

32 Karel Čapek, Vom Menschen. Burg, Basel 1947 – Ömnö-Gobi-Aimag, Mongolei; September 2014.

33 Peter Härtling, Gesammelte Werke. Band 8. Herausgegeben von Klaus Siblewski. © 1997, Verlag Kiepenheuer & Witsch GmbH & Co. KG, Köln – Ömnö-Gobi-Aimag, Mongolei; September 2014.

34 Romain Rolland, Meister Breugnon. Aus dem Französischen von Erna Grautoff. © Aufbau Verlag GmbH & Co. KG, Berlin 1947 – Stockholm, Schweden; August 2012.

35 Paul Auster, City of Glass, in: The New York Trilogy. © Faber and Faber Ltd, (deutsch MK) – Lakonien, Griechenland; Mai 2014.

36 Fernando Pessoa, Das Buch der Unruhe. © S. Fischer Verlag GmbH, Frankfurt am Main 2012 – Gytheion, Griechenland; Mai 2014.

37 Informatik und Mediamatik, Transparent – Stockholm, Schweden; August 2012.

38 Christoph Schlingensief, So schön wie hier kanns im Himmel gar nicht sein. © 2009, Verlag Kiepenheuer & Witsch GmbH & Co. KG, Köln – Säntisgebiet, Schweiz; Juli 2013.

39 The Poems of Emily Dickinson, edited by Thomas H. Johnson, Campbridge, Mass.: The Belknap Press of Harvard University Press, Copyright © 1951, 1955 by the President and Fellows of Harvard College. Copyright © renewed 1979, 1983 by the President and Fellows of Harvard College. Copyright © 1914, 1918, 1919, 1924, 1929, 1930, 1932, 1935, 1937, 1942, by Martha Dickinson Bianchi. Copyright © 1952, 1957, 1958, 1963, 1965, by Mary L. Hampson – Kyoto, Japan; Oktober 2014.

40 Ingeborg Bachmann, Werke Bd. 1. Gedichte. © 1978 Piper Verlag GmbH, München – Stuttgart, Deutschland; September 2012.

41 Grigori Kanowitsch, Ein Zicklein für zwei Groschen. Roman. In der Übersetzung von Waltraud Ahrndt. © Aufbau Verlag GmbH & Co. KG, Berlin 1993 – Ulaan Baatar, Mongolei; September 2014.

42 Gabriela Mistral, Beber / Trinken, in: Federico Schopf (Hg.), Gabriela Mistral, Liebesgedichte. Luchterhand, Darmstadt 1981 – Vilnius, Litauen; April 2015.

43 Eva Mohr, Abend in Zürich, in: Hans Rudolf Hilty (Hg.), Zürich zum Beispiel. Tschudy. St. Gallen 1959 – Vilnius, Litauen; April 2015.

44 Kobayashi Issa, Haiku, in: Jan Ulenbrook (Hg.), Haiku. © Philipp Reclam jun. GmbH & Co. KG, Stuttgart 2010 – Bulgan-Aimag, Mongolei; September 2014.

45 This excerpt from «I Fell in Love» is reproduced here with the permission of the publishers and the author. It was originally published in Love Child by Gcina Mhlophe. © University of Natal Press, Pietermaritzburg, 2002, (deutsch MK) – Vilnius, Litauen; April 2015.

46 Roland Merk, Gesang von der Nacht, in: Wind ohne Namen. © edition 8, Zürich 2010 – Seoul, Südkorea; Oktober 2014.

47 Yuri Herrera, Abgesang des Königs. © Gedichte. S. Fischer Verlag GmbH, Frankfurt am Main 2011 – Kyoto, Japan; Oktober 2014.

48 Miguel Ángel Asturias, Die Maismänner. Roman, nach der ersten Übersetzung von Rodolfo Selke neu durchgesehen, vervollständigt und überarbeitet von Willi Zurbrüggen. © der deutschsprachigen Ausgabe Lamuv Verlag GmbH, Göttingen 1992 – Vilnius, Litauen; April 2015.

49 Selma Meerbaum-Eisinger, Ich bin in Sehnsucht eingehüllt. Gedichte. S. Fischer Verlag GmbH, Frankfurt am Main 1994 – Barcelona, Spanien; April 2013.

50 Konstantin Wecker, Jeder Augenblick ist ewig. © 2012 dtv Verlagsgesellschaft, München – Barcelona, Spanien; April 2013.

51 Anonym; Motto der Pride; Stockholm 2012. – Archangai-Aimag, Mongolei; September 2014.

52 Alfred Kubin, Die andere Seite. © Eberhard Spangenberg, München – Lakonien, Griechenland; Mai 2014.